古代歷史文化研究輯刊

三二編

王明蓀 主編

第8冊

唐代藩鎮歷史地理研究
（第二冊）

向傳君 著

國家圖書館出版品預行編目資料

唐代藩鎮歷史地理研究（第二冊）／向傳君 著 -- 初版 -- 新
北市：花木蘭文化事業有限公司，2024〔民113〕
目 8+160 面；19×26 公分
（古代歷史文化研究輯刊 三二編；第 8 冊）
ISBN 978-626-344-871-1（精裝）
1.CST：藩鎮 2.CST：區域研究 3.CST：歷史地理 4.CST：唐代
618   113009406

ISBN-978-626-344-871-1

9 786263 448711

古代歷史文化研究輯刊
三二編　第 八 冊   ISBN：978-626-344-871-1

唐代藩鎮歷史地理研究
（第二冊）

作　　者　向傳君
主　　編　王明蓀
總 編 輯　杜潔祥
副總編輯　楊嘉樂
編輯主任　許郁翎
編　　輯　潘玟靜、蔡正宣　美術編輯　陳逸婷
出　　版　花木蘭文化事業有限公司
發 行 人　高小娟
聯絡地址　235 新北市中和區中安街七二號十三樓
　　　　　電話：02-2923-1455 ／傳真：02-2923-1452
網　　址　http://www.huamulan.tw 信箱 service@huamulans.com
印　　刷　普羅文化出版廣告事業
初　　版　2024 年 9 月
定　　價　三二編 28 冊（精裝）新台幣 84,000 元

唐代藩鎮歷史地理研究
（第二冊）

向傳君　著

目

次

第五章　河南道東部藩鎮

　　河南道東部即指今山東地區，建置的藩鎮有青密、兗鄆、淄沂、淄青、天平、兗海六鎮。其中，淄青、天平、兗海三鎮延續時間較長，而青密、兗鄆、淄沂三鎮存在時間很短。

　　青密鎮建置於安史之亂期間，轄有青、密、登、萊等州，治於青州。安史之亂時，營州平盧軍南遷至青州，青密鎮的轄區併入淄青鎮。

　　兗鄆鎮，又稱鄆齊鎮，也建置於安史之亂期間，轄有鄆、齊、兗三州，初治於齊州，後徙治於鄆州。安史之亂後，兗鄆鎮廢除，轄區分隸於淄青、河南二鎮。

　　淄沂鎮建置於安史之亂後期，轄有淄、沂、滄、德、棣五州，治於沂州。安史之亂結束前，淄沂鎮廢除，部分轄區併入淄青鎮。

　　淄青鎮又稱青淄鎮，軍號平盧軍。平盧軍最初建置於營州，安史之亂期間，平盧軍節度使侯希逸率眾南遷到今山東地區，佔據淄、青等州。朝廷因而建置淄青鎮，軍號仍為平盧軍，故而淄青鎮也稱為平盧鎮。

　　淄青鎮前期為割據型藩鎮，寶應元年（762年），平盧軍南遷至青州之後，淄青鎮形成，其後長期為李正己家族割據。在這期間，淄青鎮長期轄有鄆、青、淄、齊、沂、海、密、登、萊、兗、濮、曹十二州，治於鄆州。直至元和十四年（819年），朝廷平定淄青鎮李氏割據後，將淄青鎮分割為淄青、天平、兗海三鎮。

　　淄青鎮後期的軍號仍為平盧軍，故而也可稱為平盧鎮。淄青鎮後期治於青州，轄區驟然縮減，長期轄有青、淄、登、萊、棣五州。唐末，王敬武、王師

範父子割據於淄青鎮，至天復三年（903 年）為宣武軍節度使朱溫所滅。

天平鎮又稱鄆州鎮，軍號天平軍，元和十四年（819 年）由淄青鎮分割而建置，長期轄有鄆、曹、濮三州，治於鄆州。唐末，朱瑄割據於天平鎮，直至乾寧四年（897 年）為宣武軍節度使朱溫所滅。

兗海鎮，軍號泰寧軍，元和十四年（819 年）由淄青鎮分割而建置，長期轄有沂、海、兗、密四州，治於兗州。唐末，天平軍節度使朱瑄派遣其弟朱瑾佔據兗海鎮，直至乾寧四年（897 年）為宣武軍節度使朱溫所滅。

這一章主要研究河南道東部的淄青、天平、兗海三鎮。

第一節　青密、兗鄆、淄沂三鎮

在營州平盧鎮南遷青州之前，在河南道東部（今山東地區）存在有青密、兗鄆、淄沂三鎮。平盧軍南遷後，三鎮被廢除。

一、青密鎮的沿革

青密鎮的建置沿革為：北海節度使（756～758）—青密節度使（758～762）。

青密鎮始置於至德元載（756 年），初稱北海鎮，治於北海郡，轄有北海、高密、東牟、東萊四郡。本年十月，北海郡被安史叛軍攻陷。同年，朝廷為了收復北海郡，在北海郡建置北海節度使。《資治通鑑》記載：本年十月，「尹子奇將五千騎渡河，略北海，欲南取江、淮。」「是歲，置北海節度使，領北海等四郡。」〔註1〕其中，尹子奇為叛軍將領。《方鎮表二》記載：本年，「置青密節度使，領北海、高密、東牟、東萊四郡，治北海郡。」〔註2〕這裡記載為「青密節度使」，並不準確。《廿二史考異》考述：「青州時為北海郡，當云『北海節度使』，史據後改稱之。」〔註3〕所以，青密節度使當時實際應稱北海節度使。

當時，北海、高密等郡都被安史叛軍佔據。叛軍集團也於至德二載（757年）建置北海節度使，以能元皓為節度使。直至至德二載（757 年）七月，朝

〔註1〕《資治通鑑》卷二百一十九《至德元載》，第 7006、7010 頁。
〔註2〕《新唐書》卷六十五《方鎮表二》，第 1197～1199 頁。下同，不再引注。
〔註3〕《廿二史考異》卷四十七《唐書七》，上海：上海古籍出版社，2004 年，第 716 頁。

廷才收復高密郡。乾元元年（758 年）二月，叛軍所任命的北海節度使能元皓
歸降朝廷。《資治通鑑》記載：至德二載「七月，河南節度使賀蘭進明克高密、
琅邪，殺賊二萬餘人。」乾元元年二月，「安慶緒所署北海節度使能元皓舉所
部來降，以為鴻臚卿，充河北招討使。」〔註4〕

乾元元年（758 年），朝廷改全國的郡為州。北海鎮下轄的北海郡改為青
州，高密郡改為密州，東牟郡改為登州，東萊郡改為萊州。至此，北海節度使
才改稱為青密節度使，北海鎮改稱為青密鎮。

同年，青密鎮增領滑、濮二州。《方鎮表二》記載：本年，「青密節度增領
滑、濮二州。」根據《資治通鑑》的記載來看，滑州在乾元元年（758 年）之
後仍然被叛軍控制。濮州在至德元載（756 年）到乾元二年（759 年）期間是
為朝廷方面所控制的〔註5〕。

乾元二年（759 年），青密鎮增領淄、沂、海三州。其後青密鎮下轄的滑、
海二州先後改隸於汴滑鎮，濮州先後改隸於鄆齊鎮、河南鎮。《方鎮表二》記
載：本年，「青密節度使增領淄、沂、海三州。滑州隸汴滑節度使，濮州隸鄆
齊兗節度使。是年以海州隸汴滑節度。升鄆、齊、兗三州都防禦使為節度使，
治兗州，增領濮州，尋以濮州隸河南節度。」

上元元年（760 年），青密鎮增領海州。《方鎮表二》記載：本年，「海州
復隸青密節度。」同年，朝廷建置淄沂鎮，轄有淄、沂、滄、德、棣五州。青
密鎮因而罷領淄、沂二州，還轄有青、密、登、萊、海五州。

對於淄沂鎮的建置時間，《舊唐書》記載為：上元元年十月壬申，「青州刺
史殷仲卿為淄州刺史、淄沂滄德棣等州節度使。」〔註6〕而《方鎮表二》卻記
載為：上元二年，「置淄沂節度使，領淄、沂、滄、德、棣五州，治沂州。」
《方鎮表二》對於青密鎮在上元二年的記載錯誤較多，在此應以《舊唐書》的
記載為準。

上元二年（761 年），青密鎮增領齊州。《方鎮表二》記載：本年，「以齊
州隸青密，而兗鄆節度增領徐州。」

寶應元年（762 年），營州的平盧軍節度使侯希逸引兵南下抵達青州，最

〔註4〕《資治通鑑》卷二百一十九《至德二載》、卷二百二十《乾元元年》，第 7027、
　　　 7052 頁。
〔註5〕《資治通鑑》卷二百一十七《天寶十四載》至卷二百二十一《乾元二年》，第
　　　 6929～7089 頁。
〔註6〕《舊唐書》卷十《肅宗本紀》，第 259 頁。

初被朝廷任命為青密節度使。隨即，朝廷廢除淄沂節度使，所轄的淄、沂、滄、德、棣五州以及齊州都改隸於青密節度使。整合之後，青密節度使改稱淄青平盧軍節度使。至此，青密鎮實際已經整合為淄青鎮。

對於青密鎮整合為淄青鎮的時間，《方鎮表二》記載為上元二年，其實是錯誤的。《方鎮表二》記載：上元二年，「平盧軍節度使侯希逸引兵保青州，授青密節度使，遂廢淄沂節度，並所管五州，號淄青平盧節度，增領齊州。以齊州隸青密，而兗鄆節度增領徐州。」而《資治通鑑》《新唐書》《舊唐書》等史籍都將侯希逸南遷至青州的時間記載為寶應元年。如《資治通鑑》記載：寶應元年建寅月「戊申，平盧節度使侯希逸於青州北渡河而會田神功、能元皓於兗州。」〔註7〕由此可知，《方鎮表二》記載的時間有誤。

綜上所述，青密鎮的轄區沿革可以總結如表 5-1 所示。

表 5-1　青密鎮轄區統計表

時　　期	轄區總計	會　府	詳細轄區
756 年～758 年	4 郡	北海郡	北海、高密、東牟、東萊
758 年～759 年	6 州	青州	青、密、登、萊、滑、濮
759 年～760 年	6 州	青州	青、密、登、萊、淄、沂
760 年～761 年	5 州	青州	青、密、登、萊、海
761 年～762 年	6 州	青州	青、密、登、萊、海、齊

二、兗鄆鎮的沿革

兗鄆鎮的建置沿革為：齊兗鄆都防禦使（756～759）—兗鄆節度使（759～762）。

兗鄆鎮建置於至德元載（756 年），當時轄有東平、濟南、魯三郡，治於濟南郡。《方鎮表二》記載：本年，「置鄆、齊、兗三州都防禦使，治齊州。」〔註8〕當時州皆用郡名，鄆、齊、兗三州分別是東平郡、濟南郡、魯郡。所以，鄆齊兗都防禦使當時轄有東平、濟南、魯三郡，治於濟南郡。

兗鄆鎮的建置也是為了抗擊安史叛軍。《資治通鑑》記載：至德元載（756

〔註7〕《資治通鑑》卷二百二十二《寶應元年》，第 7118 頁。
〔註8〕《新唐書》卷六十五《方鎮表二》，第 1197～1199 頁。下同，不再引注。

年）十二月，「是月，魯、東平、濟陰陷於賊。」〔註9〕由此記載可知，兗鄆鎮所轄的魯、東平二郡都被叛軍佔據。史籍沒有關於濟南郡（齊州）失陷的記載，而根據《資治通鑑》的記載，天寶十四載（755年）十二月，安祿山叛亂南下進攻河南道地區，「濟南太守李隨起兵拒之」，至德元載（756年）正月，「李隨至睢陽，有眾數萬」。李隨起兵南下之後，濟南郡也當落入叛軍手中。直至至德二載（757年）十一月，濟南、魯、東平三郡才被朝廷收復。同書記載：至德二載十一月，「張鎬帥魯炅、來瑱、吳王（李）祗、李嗣業、李奐五節度徇河南、河東郡縣，皆下之；惟能元皓據北海，高秀巖據大同，末下。」〔註10〕

乾元元年（758年），朝廷改全國的郡為州。因而，鄆齊兗都防禦使下轄的東平郡改為鄆州，濟南郡改為齊州，魯郡改為兗州。《舊唐書》記載：本年「九月庚午朔……貝州刺史能元皓為齊州刺史、齊兗鄆等州防禦使。」〔註11〕

乾元二年（759年），鄆齊兗都防禦使升為節度使，並徙治於兗州，增領濮州。不久，濮州改隸於河南鎮，繼而復隸於兗鄆鎮。《方鎮表二》青密欄記載：本年，「濮州隸鄆齊兗節度使……升鄆、齊、兗三州都防禦使為節度使，治兗州，增領濮州，尋以濮州隸河南節度。」而《方鎮表二》河南欄又記載：「是年，又以濮州隸兗鄆節度。」

對於鄆齊兗都防禦使升為節度使之事，《資治通鑑》記載：上元元年（760年）十二月，「兗鄆節度使能元皓擊史思明兵，破之。」上元二年（761年）四月，「丁丑，兗鄆節度使能元皓破朝義兵。」〔註12〕

上元二年（761年），兗鄆鎮罷領齊州，增領徐州。《方鎮表二》記載：本年，「以齊州隸青密，而兗鄆節度增領徐州。」

寶應元年（762年），兗鄆鎮增領登、萊、沂、海、泗五州。同年，朝廷廢除兗鄆節度使，以鄆、兗、濮、徐四州隸於河南節度使，登、萊、沂、海、泗五州隸於淄青平盧軍節度使。至此，兗鄆鎮最終被廢除。

所以，兗鄆鎮的轄區沿革可總結如表5-2所示。

〔註9〕《資治通鑑》卷二百一十九《至德元載》，第7010頁。
〔註10〕《資治通鑑》卷二百二十《至德二載》，第7044頁。
〔註11〕《舊唐書》卷十《肅宗本紀》，第253頁。
〔註12〕《資治通鑑》卷二百二十一《上元元年》、卷二百二十二《上元二年》，第7100、7113頁。

表 5-2　兗鄆鎮轄區統計表

時　期	轄區總計	會　府	詳細轄區
756 年～758 年	3 郡	濟南郡	東平、濟南、魯
758 年～759 年	3 州	齊州	鄆、齊、兗
759 年～761 年	4 州	兗州	鄆、齊、兗、濮
761 年～762 年	4 州	兗州	鄆、兗、徐、濮
762 年～762 年	9 州	兗州	鄆、兗、徐、濮、登、萊、沂、海、泗

三、淄沂鎮的沿革

淄沂鎮建置於上元元年（760 年）十月，轄有淄、沂、滄、德、棣五州，治於沂州。

在賴青壽先生的博論《唐後期方鎮建置沿革研究》中，考證出了《方鎮表》中的淄沂鎮建置時間的錯誤。〔註 13〕《方鎮表二》記載：上元二年，「置淄沂節度使，領淄、沂、滄、德、棣五州，治沂州。」〔註 14〕這裡記載淄沂鎮的建置時間是錯誤的。據《舊唐書》記載：上元元年十月壬申，「青州刺史殷仲卿為淄州刺史、淄沂滄德棣等州節度使。」〔註 15〕《方鎮表二》對於青密鎮在上元二年的記載錯誤較多，在此應以《舊唐書》的記載為準。

另外，《資治通鑒》記載：上元元年「冬十月丙子，置青沂等五州節度使。」〔註 16〕這裡的記載也有錯誤。青州此前已經建置有青密節度使，不可能再建置青沂節度使。所謂「青沂」應為「淄沂」之誤。

寶應元年（762 年），營州的平盧軍節度使侯希逸南遷青州之後，朝廷廢除了淄沂節度使，其所轄的淄、沂、滄、德、棣五州改隸於青密節度使。至此，淄沂鎮最終被廢除。

所以淄沂鎮建置於上元元年（760 年），廢於寶應元年（762 年），存在僅有兩年。

〔註 13〕賴青壽：《唐後期方鎮建置沿革研究》第四章第六節《淄青平盧節度使沿革》，第 87 頁。
〔註 14〕《新唐書》卷六十五《方鎮表二》，第 1197～1199 頁。下同，不再引注。
〔註 15〕《舊唐書》卷十《肅宗本紀》，第 259 頁。
〔註 16〕《資治通鑒》卷二百二十一《上元元年》，第 7097 頁。

第二節　淄青鎮

　　寶應元年（762年），平盧軍南遷青州之後，建立淄青鎮。侯希逸出任淄青節度使三年後，就被李正己取代。此後，李正己家族長期割據於淄青鎮，歷經三世四任節度使。直至元和十四年（819年），淄青鎮李氏割據才被朝廷平定，分割為淄青、天平、兗海三鎮。所以，筆者將淄青鎮分割前後分別稱為前期和後期。

　　學界對淄青鎮的個案研究較多，如黃卓婭的碩士論文《唐代平盧淄青鎮研究》〔註17〕、郝黎的碩士論文《唐代淄青鎮探析》〔註18〕、鄭東巖的碩士論文《唐代淄青鎮研究》〔註19〕、樊文禮的論文《唐代平盧淄青節度使略論》〔註20〕等。這些論文大多都著重於研究淄青鎮的政治史、經濟、對外關係等方面，缺乏對淄青鎮轄區的研究。

一、前期淄青鎮的轄區沿革

　　淄青鎮前期原本治於青州，轄有青、淄、齊、棣、沂、海、密、登、萊等州。後來，淄青鎮又取得德、鄆、兗、濮、曹、徐六州，從而轄有十五州之地，徙治於鄆州。李納繼任淄青節度使之後，失去德、棣、徐三州，因而還剩十二州，直至元和年間。

（一）淄青鎮建置初期的轄區沿革

　　寶應元年（762年）初，平盧軍節度使侯希逸由青州登陸，佔據青州等地。同年五月，朝廷任命侯希逸為青密節度使，又廢淄沂鎮，以其所轄州歸青密鎮。從此，青密鎮改稱為淄青鎮，並且保留了平盧軍的軍號。所以，此後的平盧鎮實際上是由之前的青密鎮發展而來。

　　至於淄青鎮的形成時間及當時的轄區，可根據《方鎮表二》的記載做出推斷。《方鎮表二》記載：上元二年（761年），「平盧軍節度使侯希逸引兵保青州，授青密節度使，遂廢淄沂節度，並所管五州，號淄青平盧節度，增領齊州。」〔註21〕實際上，平盧軍是在寶應元年（762年）才南遷到達青州的。據《資治

〔註17〕黃卓婭：《唐代平盧淄青鎮研究》，碩士學位論文，浙江大學歷史系，2006年。
〔註18〕郝黎：《唐代淄青鎮探析》，碩士學位論文，河北師範大學歷史系，2000年。
〔註19〕鄭東巖：《唐代淄青鎮研究》，碩士學位論文，山東師範大學歷史系，2010年。
〔註20〕樊文禮：《唐代平盧淄青節度使略論》，《煙台師範學院學報》1993年第2期，第27～33頁。
〔註21〕《新唐書》卷六十五《方鎮表二》，第1199～1210頁。下同，不再引注。

通鑑》記載，侯希逸也是在寶應元年五月才被授予淄青節度使的。因而，淄青鎮形成於寶應元年（762年）。

由《方鎮表二》的記載可知，侯希逸所領的淄青鎮是由青密、淄沂二鎮合併而成的。青密鎮原來轄有青、密、登、萊、海、齊六州，淄沂鎮原來轄有淄、沂、滄、德、棣五州。因此，當時淄青鎮轄有上述十一州。

同年（762年），淄青鎮的轄區發生了數次的變化。不久，朝廷將「登、萊、沂、海、泗五州隸兗鄆節度」。其後，朝廷又「廢兗鄆節度，以鄆、兗、濮、徐四州隸河南節度，登、萊、沂、海、泗隸淄青平盧節度。」〔註22〕因此，淄青鎮在寶應元年（762年）最終轄有青、淄、齊、滄、德、棣、沂、海、密、登、萊、泗十二州，治於青州。

廣德元年（763年），朝廷平定安史之亂後，將滄、德二州劃歸魏博鎮。其後，淄青鎮增領瀛州，但是不久「瀛州復隸魏博節度」〔註23〕。

大曆四年（769年），朝廷曾經分出海、沂、密三州建置都防禦使，同時將泗州劃歸汴宋鎮。不久，朝廷又廢海沂密三州都防禦使，復以海、沂、密三州隸淄青平盧節度使，但泗州仍然屬汴宋鎮所有。《方鎮表二》河南欄記載：本年，「河南節度增領泗州」。同卷次青密欄則記載：本年，「淄青平盧節度罷領海、沂、密三州，置海、沂、密三州都防禦使，尋廢，復以三州隸淄青平盧節度」；大曆十一年（776年），「以泗州隸永平軍節度」。青密欄的記載當誤，河南欄當是。

至此，淄青鎮轄有青、淄、齊、棣、沂、海、密、登、萊九州。

（二）淄青鎮轄區的擴張

大曆十年至十一年，先後爆發了魏博節度使田承嗣和汴宋節度留後李靈曜的叛亂。淄青節度使李正己以支持朝廷討伐的名義，出兵擴張淄青鎮轄區。

大曆十年（775年），魏博節度使田承嗣叛亂，朝廷詔令諸鎮討伐，淄青節度使李正己率軍進攻，同年五月，李正己奪得魏博鎮的德州。《資治通鑑》記載：本年五月「丁未，李正己攻德州，拔之。」〔註24〕

大曆十一年（776年），汴宋鎮留後李靈曜反叛，李正己又響應朝廷號令，率兵討伐，奪得汴宋鎮的曹、濮、徐、兗、鄆五州，李正己在幫助朝廷討伐叛

〔註22〕以上兩處均見於《新唐書》卷六十五《方鎮表二》，第1199頁。
〔註23〕《新唐書》卷六十五《方鎮表二》，第1200頁。
〔註24〕《資治通鑑》卷二百二十五《大曆十年》，第7231頁。

亂的過程中得到的州都歸李正己所有。至此，淄青鎮轄有青、淄、齊、德、棣、沂、海、密、登、萊、兗、鄆、濮、曹、徐十五州，成為實力雄厚的割據型藩鎮。

李正己為了有效地控制所轄區域，又將淄青鎮會府由青州遷到鄆州。《資治通鑑》記載：「平盧節度使李正己先有淄、青、齊、海、登、萊、沂、密、德、棣十州之地，及李靈曜之亂，諸道合兵攻之，所得之地，各為己有，正己又得曹、濮、徐、兗、鄆五州，因自青州徙治鄆州，使其子前淄州刺史納守青州。」〔註25〕

（三）建中之亂對淄青鎮轄區的影響

建中二年（781年）至興元元年（784年），淄青節度使李納與魏博、成德等藩鎮聯合叛亂，遭到朝廷討伐，使淄青鎮失去徐、德、棣三州。

建中二年，成德節度使李寶臣去世，其子李惟岳為了謀求世襲，與淄青節度使李正己、魏博節度使田悅結為聯盟，不奉朝廷號令。五月，淄青節度使李正己與魏博、成德、山南東道等鎮發動叛亂。不久，李正己病死，其子李納繼位。同年十月，李納部將徐州刺史李洧以徐州歸降朝廷，德州刺史李士真、棣州刺史李長卿也分別以德州、棣州歸順朝廷。李納派大軍想要奪回徐州，但沒有成功，德、棣二州也落入幽州節度使朱滔手中。《資治通鑑》記載：本年十月，「徐州刺史李洧，正己之從父兄也。李納寇宋州，彭城令太原白季庚說洧舉州歸國。洧從之，遣攝巡官崔程奉表詣闕。」「李納之初反也，其所署德州刺史李西華備守甚嚴，都虞候李士真密毀西華於納，納召西華還府，以士真代之。士真又以詐召棣州刺史李長卿，長卿過德州，士真劫之，與同歸國。」〔註26〕

同年十一月，海州刺史王涉以海州降於淮南節度使陳少游。十二月，密州刺史馬萬通也以密州歸降陳少游。建中三年（782年）正月，李納出兵奪回海、密二州。《資治通鑑》記載：建中二年十一月「甲申，淮南節度使陳少游遣兵擊海州，其刺史王涉以州降。十二月，李納密州刺史馬萬通乞降。」建中三年正月，「淮南節度使陳少游拔海、密二州，李納復攻陷之。」〔註27〕

建中三年（782年）十一月，李納與魏博鎮的田悅、成德鎮的王武俊、幽州鎮的朱滔同時稱王。李納稱齊王，改鄆州為東平府，作為都城。接著，朱滔、

〔註25〕《資治通鑑》卷二百二十五《大曆十二年》，第7249頁。
〔註26〕《資治通鑑》卷二百二十七《建中二年》《建中三年》，第7310、7321頁。
〔註27〕《資治通鑑》卷二百二十七《建中二年》《建中三年》，第7312、7318頁。

李希烈等人相繼反叛，朝廷無力征討淄青鎮。因此，此後淄青鎮沒有其餘轄州再被朝廷攻克。

興元元年（784年）正月，李納去王號，歸順朝廷，東平府復為鄆州。在李正己、李納叛亂的兩年多時間內，淄青鎮失去了徐、德、棣三州。《方鎮表二》記載：本年，「復置淄青平盧節度使，領青、淄、登、萊、齊、兗、鄆、徐、海、沂、密、曹、濮十三州」。從這裡看，徐州又劃歸淄青鎮。其實，徐州復隸於淄青鎮，也只是名義上的。徐州地理位置十分重要，通過徐州控制淮河流域。因此，朝廷不可能再將徐州劃歸淄青鎮。

早在建中三年（782年），朝廷就已經在徐州建置徐沂海都團練使。但是，徐州鎮當時實際也僅轄有徐州，因為沂、海等州都在淄青鎮的實際控制下。興元元年（784年），李納歸順朝廷後，朝廷廢除了徐沂海都團練使。《舊唐書》記載：建中三年九月，「以李洧部將高承宗為徐州刺史、徐海沂都團練使。」興元元年五月，「徐沂海團練使高承宗卒，以其子明應知徐州事。」〔註28〕《新唐書》也記載：「今徐州刺史高明應甚少……請以（張）建封代之。」因此，雖然徐州在興元元年（784年）被朝廷劃歸淄青鎮，但並沒有實際歸淄青鎮管轄，而應該將其視為中央直屬州〔註29〕。

另外，《方鎮表二》記載：建中三年（782 年），「廢淄青平盧節度使，置淄青都團練觀察使，領淄、青、登、萊、齊、兗、鄆七州，治青州；置曹濮都團練觀察使，治濮州」；興元元年（784 年），「復置淄青平盧節度使，領青、淄、登、萊、齊、兗、鄆、徐、海、沂、密、曹、濮十三州，治青州，廢曹濮都團練觀察使。」李正己、李納父子叛亂期間，曹、濮二州實際仍然在李納的掌握下。朝廷對淄青鎮的處理其實並未得到執行，淄青、曹濮二個都團練觀察使的建置也沒有得到執行。據《舊唐書》記載：「（李）正己將兵擊田承嗣，奏署（納）節度觀察留後。尋遷青州刺史，又奏署行軍司馬，兼曹州刺史、曹濮徐兗沂海留後，又加御史大夫。建中初，正己、田悅、梁崇義、張惟岳皆反。」〔註30〕由此記載來看，李納任「曹濮徐兗沂海留後」的時間，應該是自大曆末至建中二年，與《方鎮表二》所載的「曹濮都團練觀察使」並非同一建置。除

〔註28〕《舊唐書》卷十二《德宗本紀上》，第334、342頁。

〔註29〕賴青壽先生博論《唐後期方鎮建置沿革研究》第90頁也認為淄青鎮此後轄有徐州，其實也沒有考慮到徐州並不隸屬於淄青鎮的實際情況。

〔註30〕《舊唐書》卷一百二十四《李納傳》，第3536頁。

了《方鎮表二》的記載之外，「曹濮都團練觀察使」別無他載。退言之，建中三年（782年）至興元元年（784年）期間，「曹濮都團練觀察使」的建置即使存在，也只是虛設而已。

此後，淄青鎮轄有鄆、青、淄、齊、沂、海、密、登、萊、兗、濮、曹十二州。

（四）淄青鎮李氏割據的結束

興元元年（784年），幽州節度使朱滔敗逃回幽州後，德、棣二州為成德節度使王武俊所取，二州成為成德鎮的轄區。貞元六年（790年）二月，棣州刺史趙鎬以棣州歸附李納，進而引發成德、淄青、魏博三鎮的戰爭。五月，王武俊出兵駐於冀州，想要奪回棣州。趙鎬率家族逃到鄆州，李納出兵控制棣州。接著，王武俊出兵攻取了魏博鎮的經城等四縣。

此次三鎮之間的戰爭，除了成德、淄青二鎮轄區爭奪的原因外，還涉及魏博節度使之爭的問題。《資治通鑒》記載：「初，朱滔敗於貝州，其棣州刺史趙鎬以州降於王武俊，既而得罪於武俊，召之不至。（魏博節度使）田緒殘忍，其兄朝，仕李納為齊州刺史。或言納欲納朝於魏，緒懼；判官孫光佐等為緒謀，厚賂納，且說納招趙鎬取棣州以悅之，因請送朝於京師。納從之。丁酉，鎬以棣州降於納……五月，王武俊屯冀州，將擊趙鎬，鎬帥其屬奔鄆州。李納分兵據之。田緒使孫光佐如鄆州，矯詔以棣州隸納。武俊怒，遣其子士清伐貝州，取經城等四縣。」〔註31〕

同年（790年）十二月，朝廷詔令三鎮和解，王武俊將經城等四縣歸還魏博鎮之後，李納才將棣州歸還給成德鎮。〔註32〕

貞元八年（792年），李納去世，其子李師古繼任為淄青節度使。元和元年（806年），李師古去世，其弟李師道繼任為淄青節度使。李師道繼位後，朝廷正致力於用兵平定割據型藩鎮。朝廷討伐淮西鎮吳元濟之時，為了對抗朝廷的削藩政策，李師道百般阻擾，甚至還派人刺殺主張削藩的宰相武元衡、裴度。

朝廷平定吳元濟之亂後，李師道害怕遭到朝廷討伐，於元和十三年（818年）正月派下屬張宿入京，請求遣長子到長安做人質，並表示願意向朝廷獻出沂、密、海三州。同年四月，張宿回到淄青鎮後，李師道反悔，不願意交出沂、密、海三州，從而招致朝廷的討伐。

〔註31〕《資治通鑒》卷二百三十三《貞元六年》，第7520～7521頁。
〔註32〕《資治通鑒》卷二百三十三《貞元六年》，第7522頁。

元和十四年（819 年）二月，李師道的部將劉悟率軍回攻鄆州，擒殺李師道，歸順朝廷，淄青鎮割據勢力被朝廷平定〔註33〕。

綜上所述，淄青鎮前期的轄區變革可總結如表 5-3 所示。

表 5-3　淄青鎮前期轄區統計表

時　　期	轄區總計	會　府	詳細轄區
762 年～763 年	12 州	青州	青、淄、齊、滄、德、棣、沂、海、密、登、萊、泗
763 年～769 年	10 州	青州	青、淄、齊、棣、沂、海、密、登、萊、泗
769 年～775 年	9 州	青州	青、淄、齊、棣、沂、海、密、登、萊
775 年～776 年	10 州	青州	青、淄、齊、德、棣、沂、海、密、登、萊
776 年～781 年	15 州	鄆州	鄆、青、淄、齊、德、棣、沂、海、密、登、萊、兗、濮、曹、徐
781 年～782 年	12 州	鄆州	鄆、青、淄、齊、沂、海、密、登、萊、兗、濮、曹
782 年～784 年	1 府 11 州	東平府	東平府、青、淄、齊、沂、海、密、登、萊、兗、濮、曹
784 年～790 年	12 州	鄆州	鄆、青、淄、齊、沂、海、密、登、萊、兗、濮、曹
790 年	13 州	鄆州	鄆、青、淄、齊、沂、海、密、登、萊、兗、濮、曹、棣
790 年～819 年	12 州	鄆州	鄆、青、淄、齊、沂、海、密、登、萊、兗、濮、曹

二、後期淄青鎮的轄區沿革

元和十四年（819 年），朝廷平定李氏家族在淄青鎮的割據之後，將淄青鎮分割為淄青、天平、兗海三鎮。分割之後，淄青鎮治於青州，軍號仍為平盧軍。分置之初，淄青鎮轄有青、淄、齊、登、萊五州，後來罷領齊州，增領棣州，因而在後期主要轄有青、淄、棣、登、萊五州，治於青州。

唐末，黃巢起義爆發以後，全國各地許多藩鎮都出現恢復割據的情況，其中就包括淄青鎮。中和二年（882 年），王敬武開始據有淄青鎮。王敬武去世後，其子王師範繼任淄青節度使。直至天復三年（903 年），淄青鎮被宣武節

〔註33〕以上兩段記載出自於《資治通鑒》卷二百四十《元和十三年》、卷二百四十一《元和十四年》，第 7747、7750、7762、7763 頁。

度使朱溫攻取。

（一）元和至中和年間淄青鎮的轄區沿革

淄青鎮被分割之後，轄區相對之前大為縮減，長期轄有青、淄、登、萊、棣五州。

元和十四年（819年）三月，朝廷平定淄青鎮李氏割據後，為了削弱淄青鎮實力，防止割據局面的再次發生，將其分為淄青、鄆州、兗海三鎮。當時，淄青鎮轄有青、淄、齊、登、萊五州，治於青州，軍號仍為平盧軍。《方鎮表二》《資治通鑒》和兩《唐書》對此均有記載。由於史籍對此的記載都一致，在此不作引述。

大和元年（827年），淄青鎮下轄的齊州改隸於橫海鎮。當時，朝廷正在討伐橫海鎮的李同捷，任命烏重胤為橫海節度使。而橫海鎮所轄的滄、景、德、棣四州當時都在李同捷的控制之下。為了討伐李同捷，朝廷才將齊州劃到橫海鎮節度使烏重胤治下。而且，烏重胤當時也是寄治於齊州〔註34〕。

大和二年（828年）九月，朝廷方面的王智興攻克李同捷控制的棣州。於是，朝廷將棣州劃歸淄青鎮。《資治通鑒》記載：本年「九月丁亥，王智興奏拔棣州。」〔註35〕《方鎮表二》也記載：本年，「淄青平盧節度增領棣州。」〔註36〕至此，淄青鎮轄有青、淄、棣、登、萊五州。

咸通五年（864年），淄青鎮所轄的棣州改隸於天平鎮。《方鎮表二》記載：本年，「天平軍節度增領齊、棣二州。」至此，淄青鎮僅轄有青、淄、登、萊四州。

咸通十三年（872年），淄青鎮復領齊、棣二州。《方鎮表二》記載，本年，「淄青平盧節度復領齊、棣二州。」但是，多處記載都表明此後天平鎮又轄有齊州。其中，《舊唐書》就記載：乾符二年（875年）七月，「以京兆尹張裼檢校戶部尚書，兼鄆州刺史、御史大夫，充天平軍節度、鄆曹濮觀察等使。」〔註37〕由此記載可知，天平鎮在乾符二年僅轄有鄆、曹、濮三州。那麼就可以證實，齊、棣二州確實由天平鎮改隸於淄青鎮。對於天平鎮後來又轄有齊州的問題，將在下文提及。

〔註34〕詳見第七章第六節《滄景鎮的轄區沿革》。

〔註35〕《資治通鑒》卷二百四十三《太和二年》，第7859頁。

〔註36〕《新唐書》卷六十五《方鎮表二》，第1210～1222頁。下同，不再引注。

〔註37〕《舊唐書》卷十九下《僖宗本紀》，第694～695頁。

（二）王敬武父子割據時期淄青鎮的轄區沿革

唐末，淄青鎮再次實行割據。中和二年（882年），平盧牙將王敬武驅逐節度使安師儒，自稱平盧留後，後被朝廷任命為平盧節度使，從而開始了王氏在淄青鎮的割據。此時，淄青鎮轄有青、淄、登、萊、齊、棣六州。

龍紀元年（889年）十月，王敬武去世，其子王師範繼位。朝廷沒有認可王師範繼任節度使，而是改任崔安潛為平盧節度使。棣州刺史張蟾也不服王師範，將崔安潛迎入棣州，進攻王師範，從而導致淄青鎮分裂。大順二年（891年）三月，王師範攻克棣州城，殺張蟾，崔安潛逃回京城。〔註38〕至此，王師範統一淄青鎮。

對於齊州在唐末的歸屬問題，史籍有很多相關記載。《舊五代史》記載：「唐廣明元年，無棣人洪霸郎合群盜於齊、棣間，（淄青）節度使安師儒遣敬武討平之。」〔註39〕由此記載來看，在廣明元年（880年）齊州似乎仍然在淄青鎮的管轄之下。

另外，《冊府元龜》《舊五代史》都記載宣武節度使朱溫的部將張歸弁在大順元年（890年）出任齊州刺史，《唐刺史考全編》也將張歸弁出任齊州的時間置於大順元年〔註40〕。《冊府元龜》記載：「（張歸弁）大順初為齊州刺史，明年春，青寇大舉來伐⋯⋯青州平，超加檢校右僕射，遙領愛州刺史。」〔註41〕《舊五代史》記載：「乾寧中，以偏師佐葛從周御並軍於洹水。光啟中，又佐張存敬與燕人戰於內黃⋯⋯大順初，攻討兗、鄆，命歸弁佐衡王友諒屯單父，軍聲甚振，尋為齊州指揮使。屬青帥王師範叛，遣將詐為賈人⋯⋯明年春，青寇大舉來伐⋯⋯青州平，超加檢校右僕射，遙領愛州刺史。」〔註42〕由這兩條記載來看，張歸弁在大順元年出任齊州刺史。但其實不然，仔細閱讀就會發現《舊五代史》所記載的時間先後為乾寧、光啟、大順。而實際上這三個年號使用的先後順序是光啟、大順、乾寧。由此可見，《舊五代史》的記載是有問題的。《舊五代史》記載的「王師範叛」實際發生在天復三年（903年），這在《資治通鑒》等書中均有記載。其實根據大順元年（890年）齊州周邊的形勢也可

〔註38〕《資治通鑒》卷二百五十八《龍紀元年》《大順元年》《大順二年》，第8389、8412、8413頁。
〔註39〕《舊五代史》卷十三《梁書·王師範傳》，第175頁。
〔註40〕郁賢皓：《唐刺史考全編》卷七三《齊州（臨淄郡、濟南郡）》，第1054頁。
〔註41〕《冊府元龜（校訂本）》卷三百八十六《將帥部·襃異第十二》，第4360頁。
〔註42〕《舊五代史》卷十六《梁書·張歸弁傳》，第227頁。

以看出，朱溫當時不可能控制齊州。當時，齊州周邊的藩鎮有淄青、兗海、天平、魏博、義昌五鎮，五鎮都不在朱溫的控制下，也沒有歸附於朱溫。朱溫不可能跨過任何一鎮，單獨控制齊州。因此，朱溫的部將張歸弁出任齊州刺史的時間應該是在天復三年（903 年），而不是大順元年。因而《唐刺史考全編》對此的考證也有誤。

諸多史籍記載表明，齊州在景福二年（893 年）後是朱瑄兄弟的轄區。《資治通鑒》記載：景福二年十二月，「汴將葛從周攻齊州刺史朱威，朱瑄、朱瑾引兵救之。」《讀史方輿紀要》也記載：「景福二年，齊州為天平所取。」《讀史方輿紀要》應該是根據的《資治通鑒》等書的記載。但據《資治通鑒》的記載，天平鎮在景福二年之前就應該取得了齊州。《讀史方輿紀要》又記載：「景福初，（天平鎮）有鄆、齊、曹、棣四州。」〔註43〕據此，也可以說明這點。另外，《舊五代史》也記載：乾寧二年（895 年）「十月，帝駐軍於鄆，齊州刺史朱瓊遣使請降，瓊即瑾之從父兄也。帝因移軍至兗，瓊果來降。未幾，瓊為朱瑾所紿，掠而殺之，帝即以其弟玭為齊州防禦使。」〔註44〕由以上兩處記載可知，齊州在景福二年之前就已經是屬於朱瑄兄弟的轄區。

因此，淄青鎮失去齊州大約是在廣明元年（880 年）至景福二年（893 年）期間。其中，龍紀元年（889 年）至大順二年（891 年）淄青鎮發生內亂，棣州脫離王師範的管轄。而齊州與棣州相鄰，很有可能在這段時間被朱瑄兄弟奪取。

乾寧四年（897 年），宣武軍節度使朱溫消滅了朱瑄、朱瑾兄弟，取得天平、兗海二鎮，進而開始進攻淄青鎮。兗海節度使朱瑾被滅之後，兗海鎮的沂、密二州被王師範奪取。《資治通鑒》記載：光化二年（899 年）九月，「淄青節度使王師範以沂、密內叛，乞師於楊行密。」〔註45〕《九國志》也記載：光化三年，「是歲，青州王師範告沂、密內叛。」〔註46〕由這兩處記載可知，沂、密二州當時是屬王師範管轄的，不然就不會提及二州「內叛」。

光化二年（899 年）九月，沂、密二州歸附於朱溫。《資治通鑒》《九國志》對此均有記載，上文已經提及。其中，《九國志》記為光化三年是錯誤的。另

〔註43〕以上兩處記載見於《讀史方輿紀要》卷六《歷代州域形勢六》，第 249、250 頁。
〔註44〕《舊五代史》卷一《梁書·太祖本紀一》，第 16 頁。
〔註45〕《資治通鑒》卷二百六十一《光化二年》，第 8527 頁。
〔註46〕傅璇琮、徐海榮、徐吉軍主編，（宋）路振撰：《五代史書彙編陸·九國志》卷一《王綰傳》，杭州：杭州出版社，2004 年，第 3235 頁。

外,《舊五代史》也記載:「光化初,(徐懷玉)轉滑州右都押牙兼右步軍指揮使,俄奏授沂州刺史。」〔註47〕其中,徐懷玉是朱溫的部將。

同年(899年)十月,淄青節度使王師範在淮南節度使楊行密的幫助下奪回密州。《資治通鑑》記載:光化二年十月,「(楊)行密遣海州刺史臺濛、副使王綰將兵助之,拔密州,歸於(王)師範。」〔註48〕但是,其後王師範又失去了密州。據《資治通鑑》記載:天復三年,「淮南將王茂章會王師範弟萊州刺史師誨攻密州,拔之,斬其刺史劉康乂。」〔註49〕由此可知,王師範之弟萊州刺史王師誨在天復三年(903年)再次攻克密州。這也說明在光化二年(899年)至天復三年(903年)期間,朱溫又曾經奪回密州。

這裡還需要對唐末淄青鎮是否轄有濰州進行討論。《資治通鑑》記載:天祐二年(905年)五月「癸酉,貶獨孤損為棣州刺史,裴樞為登州刺史,崔遠為萊州刺史。乙亥,貶吏部尚書陸扆為濮州司戶,工部尚書王溥為淄州司戶。庚辰,貶太子太保致仕趙崇為曹州司戶,兵部侍郎王贊為濰州司戶。」〔註50〕這裡提到了濰州,且與登、萊、濮、淄、曹等州同時被提及,似乎唐末淄青鎮曾經建置有濰州。

對於濰州,《舊唐書》記載:「北海……武德二年,於縣置濰州,領北海、連水、平壽、華池、城都、下密、東陽、寒水、訾亭、濰水、汶陽、膠東、營丘、華宛、昌安、都昌、城平等十七縣。六年,唯留北海、營丘、下密三縣,余十四縣並廢。八年,廢濰州,仍省營丘、下密二縣,以北海屬青州。」〔註51〕此處並沒有記載唐末復置濰州之事。

但是,據《登州牟平縣崑嵛山重修無染院碑》碑陽記載:「光化四年歲次辛酉三月癸未朔十八日庚子辰時,書記孔詮鐫字。」碑側又記載:「功德施主兩浙定亂安國功臣、鎮海鎮東兩軍節度使、檢校太師、兼中書令、彭城郡王錢鏐……功德主銀青光祿大夫、檢校尚書左僕射、守濰州刺史、兼御史大夫錢鎮」〔註52〕。由此來看,濰州至遲在光化四年(901年)已經建置。

〔註47〕《舊五代史》卷二十一《梁書·徐懷玉傳》,第285頁。
〔註48〕《資治通鑑》卷二百六十一《光化二年》,第8527頁。
〔註49〕《資治通鑑》卷二百六十四《天復三年》,第8611頁。
〔註50〕《資治通鑑》卷二百六十五《天祐二年》,第8643頁。
〔註51〕《舊唐書》卷三十八《地理志一》,第1453頁。
〔註52〕王慧、曲金良:《唐代崑嵛山無染院碑及相關問題》,《中國海洋大學學報:社會科學版》2007年第5期,第88~90頁。

通過《資治通鑑》和《無染院碑記》的記載，唐末淄青鎮建置有濰州。至於其地理位置，應該和唐初一致，建置於北海縣。至於其具體轄有哪些縣，則無從考證。

天復三年（903年）正月，王師範派部將行軍司馬劉鄩奪取兗州。《資治通鑑》記載：本年正月，「時關東兵多從（朱）全忠在鳳翔，（王）師範分遣諸將詐為貢獻及商販，包束兵仗，載以小車，入汴、徐、兗、鄆、齊、沂、河南、孟、滑、河中、陝、虢、華等州，期以同日俱發，討全忠。適諸州者多事泄被擒，獨行軍司馬劉鄩取兗州。」〔註53〕

王師範奪取兗州，也招致了朱溫的大舉進攻。同年五月，王師誨與淮南將領王茂章一同攻克密州。六月，朱溫軍攻佔登州、密州。九月，朱溫部將劉重霸攻克棣州。《資治通鑑》記載：天復三年「六月乙亥，汴兵拔登州……（朱）全忠遣左踏白指揮使王檀攻密州……全忠以檀為密州刺史……（九月）汴將劉重霸拔棣州，執刺史邵播，殺之。」〔註54〕

不久，王師範向朱溫投降，王氏家族在淄青鎮的割據結束。同年十月，劉鄩在兗州得知王師範投降的消息後，也向朱溫投降。至此，淄青鎮最終為朱溫兼併。

所以，淄青鎮後期的轄區沿革可總結如表5-4所示。

表5-4　淄青鎮後期轄區統計表

時　期	轄區總計	會　府	詳細轄區
819年～827年	5州	青州	青、淄、齊、登、萊
827年～828年	4州	青州	青、淄、登、萊
828年～864年	5州	青州	青、淄、登、萊、棣
864年～872年	4州	青州	青、淄、登、萊
872年～約889年	6州	青州	青、淄、登、萊、齊、棣
約889年～891年	5州	青州	青、淄、登、萊、（棣）〔註55〕
891年～897年	5州	青州	青、淄、登、萊、棣

〔註53〕《資治通鑑》卷二百六十三《天復三年》，第8590頁。
〔註54〕《資治通鑑》卷二百六十四《天復三年》，第8611、8612、8617頁。
〔註55〕龍紀元年（889年）至大順二年（891年）期間，崔安潛為平盧節度使，棣州刺史張蟾將其引入棣州，對抗青州王師範。在此期間，淄青鎮實際分裂為二部，棣州脫離青州管轄。

897 年～899 年	7 州	青州	青、淄、登、萊、棣、沂、密
899 年～903 年	6 州	青州	青、淄、登、萊、棣、濰、（密）〔註56〕
903 年～903 年	7 州	青州	青、淄、登、萊、棣、濰、兗

三、淄青鎮下轄州縣沿革

淄青鎮的歷史發展，可以分為前期和後期，即分割之前和分割之後。淄青鎮建置於寶應元年（762 年），初期轄有青、淄、齊、棣、沂、海、密、登、萊、泗十州，治於青州。大曆四年（769 年），淄青鎮失去泗州，其後相繼取得德、曹、濮、徐、兗、鄆六州。至大曆十一年（776 年），淄青鎮已經轄有青、淄、齊、德、棣、沂、海、密、登、萊、泗、曹、濮、徐、兗、鄆十五州，徙治於鄆州。建中二年（781 年），淄青節度使李納叛亂，其後失去德、棣、徐三州。元和十四年（819 年），朝廷平定李氏在淄青鎮的割據，將淄青鎮分割為淄青、天平、兗海三鎮。分割之後的淄青鎮轄有青、淄、齊、登、萊五州，治於青州。大和初，淄青鎮罷領齊州，增領棣州。此後，淄青鎮長期轄有青、淄、登、萊、棣五州。

（一）淄青鎮長期轄有的州

青州：762 年～903 年屬淄青鎮，762 年～776 年、819 年～903 年為會府。天寶元年（742 年），青州改為北海郡。至德元載（756 年），置北海節度使，治於北海郡。同年，北海郡陷於安祿山政權〔註57〕，改為青州。乾元元年（758 年），降唐〔註58〕，仍為青州，朝廷所置北海節度使改稱為青密節度使。寶應元年（762 年），青密鎮改置為淄青鎮，仍治於青州。大曆十一年（776 年），淄青鎮徙治於鄆州。元和十四年（819 年），朝廷分淄青鎮為淄青、鄆州、兗海三鎮後，青州又作為淄青鎮的會府。天復三年（903 年），淄青鎮王氏割據勢力覆滅。

轄有益都、臨淄、千乘、臨朐、北海、壽光、博昌七縣，治於益都縣。

淄州：762 年～903 年屬淄青鎮。天寶元年（742 年），淄州改為淄川郡，十四載（755 年）十一月，始隸於河南鎮。至德元載（756 年），陷於安祿山政

〔註56〕根據前文考述，濰州應該建置於光化四年（901 年）前，在此將濰州繫於此年。另外，光化二年（899 年）至天復三年（903 年）期間，密州曾經被宣武節度使朱溫攻取，之後又被淄青節度使王師範收復。

〔註57〕《資治通鑑》卷二百一十九《至德元載》第 7006 頁記載：十月，「尹子奇將五千騎渡河，略北海，欲南取江、淮。」

〔註58〕《資治通鑑》卷二百二十《乾元二年》第 7052 頁記載：二月，「安慶緒所署北海節度使能元皓舉所部來降。」

權，改為淄州。二載（757年）十一月，收復，仍改為淄川郡。乾元元年（758年），復為淄州。二年（759年），改隸於青密鎮，上元元年（760年）改隸於淄沂鎮，寶應元年（762年）改隸於淄青鎮。

　　轄有淄川、長山、鄒平、濟陽、高苑五縣，治於淄川縣。

　　濟陽縣：元和十五年（820年），省入高苑縣〔註59〕。

　　萊州：762年～903年屬淄青鎮。天寶元年（742年），萊州改為東萊郡。至德元載（756年），始隸於北海（青密）鎮，乾元元年（758年）復為萊州，寶應元年（762年）改隸於淄青鎮。

　　轄有掖、即墨、昌陽、膠水四縣，治於掖縣。

　　登州：762年～903年屬淄青鎮。天寶元年（742年），登州改為東牟郡。至德元載（756年），始隸於北海（青密）鎮，乾元元年（758年）復為登州，寶應元年（762年）改隸於淄青鎮。

　　轄有蓬萊、牟平、文登、黃四縣，治於蓬萊縣。

　　齊州：762年～827年、872年～約889年屬淄青鎮，829年～864年屬滄景鎮。天寶元年（742年），齊州改為臨淄郡。五載（746年），改為濟南郡。至德元載（756年），置鄆齊兗都防禦使，治於濟南郡。同年，濟南郡陷於安祿山政權，改為齊州。二載（757年）十一月，收復，仍改為濟南郡。乾元元年（758年），復為齊州。二年（759年），又陷於史思明政權，改為濟南郡，兗鄆鎮徙治於兗州。上元元年（760年），收復，仍改為齊州。二年（761年），齊州改隸於青密鎮。寶應元年（762年），又改隸於淄青鎮。元和十四年（819年），淄青鎮分置之後，齊州仍隸於淄青鎮。大和元年（827年），朝廷討伐橫海鎮李同捷，另任烏重胤為橫海節度使，寄治於齊州。大和三年（829年），李同捷被平定，齊州正式隸於滄景鎮。咸通五年（864年），齊州改隸於天平鎮，咸通十三年（872年）復隸於淄青鎮。大約在龍紀元年（889年），齊州為天平節度使朱瑄所取。

　　轄有歷城、章丘、臨邑、臨濟、長清、禹城、全節、亭山、豐齊九縣，治於歷城縣。

　　全節縣：元和十五年（820年）〔註60〕正月，因為戶口凋殘，廢全節縣，其地併入歷城縣。

〔註59〕《舊唐書》卷三十八《地理志一》，第1454頁。

〔註60〕《舊唐書》卷三十八《地理志一》第1451頁作元和十年（815年），郭聲波《中國行政區劃通史‧唐代卷》上編第六章《河南道》第351頁考證為元和十五年（820年）。

亭山縣：元和十五年（820年），因為戶口凋殘，廢亭山縣，其地併入章丘縣〔註61〕。

豐齊縣：元和十五年（820年）〔註62〕，因為戶口凋殘，廢豐齊縣，其地併入長清縣。

棣州：762年～781年、828年～864年和872年～903年屬淄青鎮。開元二十年（732年），棣州始隸於幽州鎮。天寶元年（742年），改為樂安郡。十四載（755年）十一月，陷於安祿山，十二月收復。至德元載（756年）十月，又陷於安祿山政權，改為棣州。二載（757年）正月，收復，仍改為樂安郡〔註63〕。乾元元年（758年），復為棣州。二年（759年），陷於史思明政權，改為樂安郡。上元元年（760年），收復，仍改為棣州，改隸於淄沂鎮。寶應元年（762年），改隸於淄青鎮。建中二年（781年），淄青節度使李正己叛亂，棣州刺史李長卿歸順朝廷。次年，棣州為幽州鎮朱滔所取。興元元年（784年），棣州又被成德節度使王武俊奪取。貞元六年（790年）二月，棣州刺史趙鎬以棣州歸於淄青鎮，進而引發淄青、成德、魏博的戰爭。同年十二月，在朝廷調停下，淄青節度使李納將棣州歸還成德鎮。元和十三年（818年），棣州改隸於橫海鎮，大和二年（828年）復隸於淄青鎮。咸通五年（864年），棣州改隸於天平鎮，十三年（872年）再隸於淄青鎮。龍紀元年（889年），淄青節度使王敬武去世，其子王師範繼位，棣州刺史張蟾將朝廷任命的淄青節度使崔安潛迎入棣州，與王師範對峙。大順二年（891年），王師範攻下棣州。天復三年（903年），淄青鎮被朱溫兼併。

轄有厭次、滴河、渤海、陽信、蒲臺五縣，治於厭次縣。

（二）淄青鎮短期轄有的州

鄆州：776年～819年屬淄青鎮，其間為會府。天寶元年（742年），鄆州改為東平郡。至德元載（756年），始隸於兗鄆鎮。同年十二月，陷於安祿山政

〔註61〕《新唐書》卷三十八《地理志二》，第652頁。

〔註62〕《新唐書》卷三十八《地理志二》第653頁作元和十年（815年），郭聲波《中國行政區劃通史·唐代卷》上編第六章《河南道》第352頁考證為元和十五年（820年）。

〔註63〕《資治通鑒》卷二百一十七《天寶十四載》第6946頁記載：十二月，「於是河北諸郡響應，凡十七郡皆歸朝廷，兵合二十餘萬；其附（安）祿山者，惟范陽、盧龍、密雲、漁陽、汲、鄴六郡而已。」卷二百一十九《至德元載》第7005頁又記載：十月，「（史）思明使兩騎齎尺書以招樂安，樂安即時舉郡降。」卷二百一十九《至德二載》第7017頁記載：正月，「（王玄志）又遣兵馬使董秦將兵以葦筏渡海，與大將田神功擊平原、樂安，下之。」

權，改為鄆州。二載（757年），收復，仍改為東平郡〔註64〕。乾元元年（758年），復為鄆州。寶應元年（762年），改隸於河南（汴宋）鎮。大曆十一年（776年），汴宋留後李靈曜企圖實行割據，淄青節度使李正己討伐李靈曜，奪得汴宋鎮的鄆、兗、曹、濮、徐五州，徙淄青鎮會府於鄆州。建中三年（782年），淄青留後李納稱齊王，建立齊國，改鄆州為東平府，作為都城。興元元年（784年），李納歸順朝廷，東平府復為鄆州。元和十四年（819年），朝廷消滅李氏在淄青鎮的割據，分淄青鎮為淄青、天平、兗海三鎮，鄆州成為天平鎮會府。

轄有東平、須昌、陽穀、壽張、盧、東阿、鄆城、平陰、鉅野、中都十縣，治於東平縣。

東平縣：原為宿城縣，貞元四年（788年）改為東平縣〔註65〕。

曹州：776年～819年屬淄青鎮。曹州原隸於河南鎮，大曆十一年（776年）為淄青節度使李正己所奪取，改隸於淄青鎮。元和十四年（819年），朝廷分割淄青鎮後，曹州改隸於天平鎮。

轄有濟陰、冤句、乘氏、成武、南華、考城六縣，治於濟陰縣。

濮州：776年～819年屬淄青鎮。天寶元年（742年），濮州改為濮陽郡。十四載（755年）十一月，濮陽郡始隸於河南鎮。同年十二月，為安祿山所陷〔註66〕。至德元載（756年），收復。乾元元年（758年），復為濮州，改隸於青密鎮。二年（759年），改隸於兗鄆鎮。同年九月，又陷於史思明政權，改為濮陽郡。寶應元年（762年）十一月，朝廷收復，仍改為濮州，隸於河南鎮。大曆十一年（776年），濮州被淄青節度使李正己奪取，改隸於淄青鎮。元和十四年（819年），淄青鎮分置之後，濮州改隸於天平鎮。

轄有鄄城、雷澤、臨濮、濮陽、范五縣，治於鄄城縣。

兗州：776年～819年屬淄青鎮。天寶元年（742年），兗州改為魯郡。十四載（755年），始隸於兗鄆鎮。至德元載（756年）十二月，陷於安祿山政權，改為兗州〔註67〕。二載（757年）十一月，收復，仍改為魯郡。乾元元年（758

〔註64〕《資治通鑒》卷二百一十九《至德元載》第7010頁記載：十二月，「是月，魯、東平、濟陰陷於賊。」同上卷二百二十《至德二載》第7044頁記載：十一月，「張鎬帥魯炅、來瑱、吳王（李）祇、李嗣業、李奐五節度徇河南、河東郡縣，皆下之。惟能元皓據北海，高秀巖據大同，未下。」
〔註65〕《新唐書》卷三十八《地理志二》，第652頁。
〔註66〕濮州陷於安祿山之事，詳見第四章第一節《宣武鎮下轄州縣沿革》。
〔註67〕《資治通鑒》卷二百一十九《至德元載》第7010頁記載：十二月，「魯、東平、濟陰陷於賊。」

年），復為兗州。二年（759 年），兗鄆節度使徙治於此。寶應元年（762 年），改隸於河南鎮。大曆十一年（776 年），兗州為淄青節度使李正己所取，改隸於淄青鎮。元和十四年（819 年），淄青鎮分置之後，兗州屬兗海鎮。

轄有瑕丘、魚臺、金鄉、鄒、龔丘、乾封、萊蕪、曲阜、泗水、任城十縣，治於瑕丘縣。

魚臺縣：元和十四年（819 年），改隸於徐州，不久又隸兗州〔註68〕。

密州：762 年～819 年屬淄青鎮。天寶元年（742 年），密州改為高密郡。至德元載（756 年），始隸於北海（青密）鎮，同年陷於安祿山政權，改為密州。二載（757 年）七月，收復〔註69〕，仍改為高密郡。乾元元年（758 年），復為密州。寶應元年（762 年），改隸於淄青鎮。元和十四年（819 年），改隸於兗海鎮。

轄有諸城、高密、輔唐、莒四縣，治於諸城縣。

海州：762 年～819 年屬淄青鎮。天寶元年（742 年），海州改為東海郡，十四載（755 年）始隸於河南鎮，乾元元年（758 年）復為海州，上元元年（760 年）改隸於青密鎮，寶應元年（762 年）改隸於兗鄆鎮，繼而又改隸於淄青鎮。建中二年（781 年）十一月，朝廷討伐淄青留後李納之時，李納部將海州刺史王涉以海州降於朝廷。建中三年（782 年）正月，李納奪回海州。同年三月，海州名義上改隸於徐海沂都團練使，實際仍為李納實際控制。興元元年（784 年），李納歸降朝廷，海州復隸於淄青鎮。元和十四年（819 年），淄青鎮分置之後，海州改隸於兗海鎮。

轄有朐山、東海、沭陽、懷仁四縣，治於朐山縣。

沂州：762 年～819 年屬淄青鎮。天寶元年（742 年），沂州改為琅邪郡。十四載（755 年），始隸於河南鎮。至德元載（756 年），陷於安祿山政權，改為沂州。二載（757 年）七月，收復，仍改為琅邪郡〔註70〕。乾元元年（758 年），復為沂州。二年（759 年），改隸於青密鎮，上元元年（760 年）建置為淄沂鎮。寶應元年（762 年），淄沂鎮廢，沂州改隸於淄青鎮。建中三年（782 年）三月，沂州名義上改隸於徐海沂都團練使，實際仍為淄青鎮李納實際控制。

〔註68〕《新唐書》卷三十八《地理志二》，第 654 頁。

〔註69〕《資治通鑑》卷二百一十九《至德二載》第 7027 頁記載：「秋，七月，河南節度使賀蘭進明克高密、琅邪，殺賊二萬餘人。」

〔註70〕《資治通鑑》卷二百一十九《至德二載》第 7027 頁記載：「秋，七月，河南節度使賀蘭進明克高密、琅邪，殺賊二萬餘人。」

興元元年（784年），李納歸降朝廷，沂州復隸於淄青鎮。元和十四年（819年），淄青鎮分為淄青、兗海、鄆州三鎮，沂州改隸於兗海鎮。

轄有臨沂、沂水、費、承、新泰五縣，治於臨沂縣。

德州：775年～781年屬淄青鎮。開元二十年（732年），德州始隸於幽州鎮。天寶元年（742年），改為平原郡。乾元元年（758年），復為德州。上元元年（760年），改隸於淄沂鎮，寶應元年（762年）改隸於淄青鎮，廣德元年（763年）改隸於魏博鎮。大曆十年（775年），魏博節度使田承嗣叛亂之時，德州被淄青節度使李正己奪取，改隸於淄青鎮。建中二年（781年），淄青節度使李納叛亂之時，德州刺史李士真歸順朝廷。三年（782年），德州為幽州節度使朱滔所取，改隸於幽州鎮。興元元年（784年），德州被成德節度使王武俊奪取，改隸於成德鎮。

轄有安德、平原、平昌、將陵、長河、安陵六縣，治於安德縣。

泗州：762年～769年屬淄青鎮。天寶元年（742年），泗州改為臨淮郡，十四載（755年）改隸於河南鎮，乾元元年（758年）復為泗州，上元二年（761年）改隸於淮西鎮，寶應元年（762年）改隸於兗鄆鎮，同年末改隸於淄青鎮，大曆四年（769年）改隸於河南鎮。

轄有臨淮、宿遷、徐城、漣水、下邳、虹六縣，治於臨淮縣。

徐州：776年～781年屬淄青鎮。天寶元年（742年），徐州改為彭城郡，十四載（755年）改隸於河南鎮，乾元元年（758年）復為徐州，上元二年（761年）改隸於淮西鎮，繼而改隸於兗鄆鎮，寶應元年（762年）復隸於河南（汴宋）鎮。大曆十一年（776年），汴宋留後李靈曜企圖實行割據，淄青節度使李正己率軍討伐，取得徐州。建中二年（781年）十月，淄青節度使李納叛亂之時，其部將李洧以徐州降於朝廷。建中三年（782年）三月，朝廷於徐州建置徐沂海團練使。興元元年（784年），徐沂海密團練使廢，徐州名義上劃歸淄青鎮，但實際成為中央直屬州，沂、海二州則仍為淄青鎮所有。

轄有彭城、蕭、豐、沛、滕、符離、蘄七縣，治於彭城縣。

濰州：901年前～903年屬淄青鎮。光化四年（901年）之前，於青州北海縣置濰州〔註71〕，轄區不詳，隸於淄青鎮。天復三年（903年），淄青鎮為朱溫所併。

〔註71〕對於唐末置濰州之事，郭聲波《中國行政區劃通史・唐代卷》上編第六章《河南道》第360頁失考。

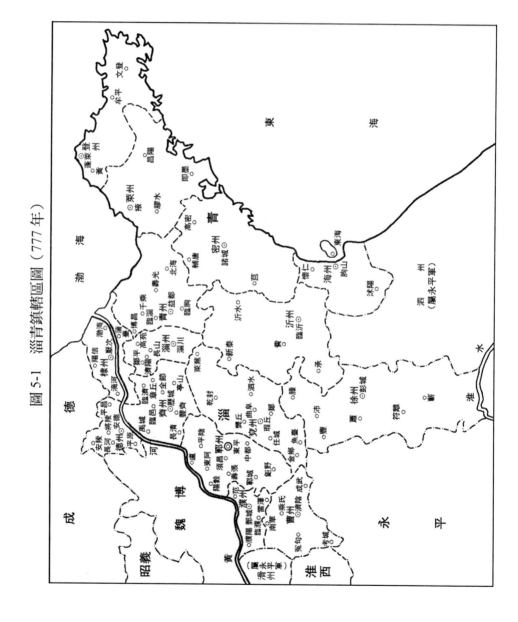

圖 5-1　淄青鎮轄區圖（777 年）

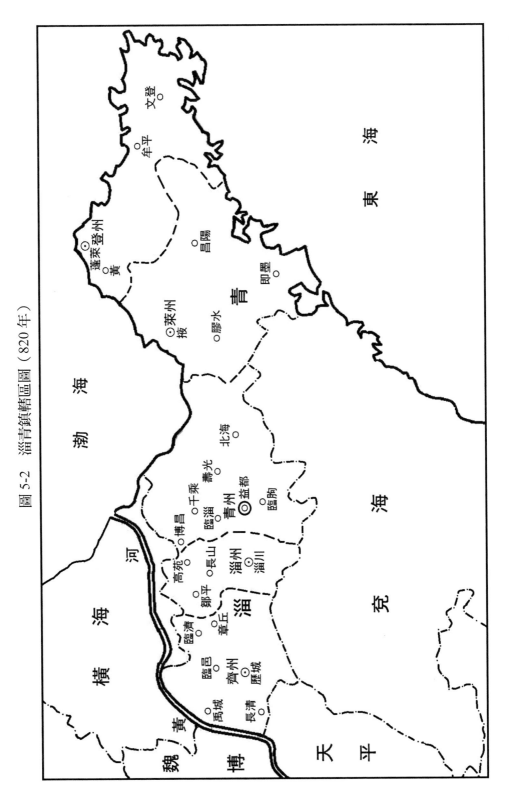

圖 5-2 淄青鎮轄區圖（820 年）

第三節　天平鎮

天平鎮，又稱鄆州鎮，是由淄青鎮分割而建置的一個藩鎮，軍號天平軍。唐末，朱瑄割據於天平鎮。直至乾寧四年（897 年），天平鎮被宣武軍節度使朱溫攻取。

一、天平鎮的轄區沿革

天平鎮的建置沿革為：鄆曹濮節度使（819～820）—天平軍節度使（820～897）。

天平鎮是由淄青鎮分割而建置，治於鄆州，最初轄有鄆、曹、濮三州，後期增領齊、棣二州，繼而又罷領棣州。因此，天平鎮較長時間內轄有鄆、曹、濮、齊四州。

（一）唐代後期天平鎮的轄區沿革

元和十四年（819 年）二月，朝廷平定淄青鎮李氏家族割據之後，將淄青鎮分為三鎮。鄆州鎮就是其中之一，當時轄有鄆、曹、濮三州，治於鄆州。《方鎮表二》記載：本年，「置鄆曹濮節度使，治鄆州。」〔註72〕《資治通鑒》也記載：本年二月，「以鄆、曹、濮為一道，淄、清、齊、登、萊為一道，兗、海、沂、密為一道。」〔註73〕正是由於該藩鎮治於鄆州，故而可將其稱為鄆州鎮。

元和十五年（820 年）七月，朝廷賜鄆州鎮軍號天平軍。《資治通鑒》記載：本年七月，「以鄆、曹、濮節度為天平軍。」〔註74〕因此，鄆州鎮更多的時候被稱為天平鎮。

咸通五年（864 年），天平鎮增領齊、棣二州。《方鎮表二》記載：本年，「天平軍節度增領齊、棣二州。」因而，天平鎮轄有鄆、曹、濮、齊、棣五州。

咸通十三年（872 年），天平鎮所轄的齊、棣二州改隸於淄青鎮。《方鎮表二》記載為：本年，「淄青平盧節度復領齊、棣二州。」

此後，天平鎮僅轄有鄆、曹、濮三州。這在很多記載中都有體現，比如《舊唐書》記載：乾符二年（875 年）七月，「以京兆尹張裼檢校戶部尚書，兼鄆州刺史、御史大夫，充天平軍節度、鄆曹濮觀察等使。」〔註75〕

〔註72〕《新唐書》卷六十五《方鎮表二》，第 1210～1222 頁。下同，不再引注。
〔註73〕《資治通鑒》卷二百四十一《元和十四年》，第 7765 頁。
〔註74〕《資治通鑒》卷二百四十一《元和十五年》，第 7780 頁。
〔註75〕《舊唐書》卷十九下《僖宗本紀》，第 695 頁。

（二）唐末朱瑄割據時期天平鎮的轄區沿革

中和二年（882年）十月，朱瑄驅逐天平節度使曹存實，自稱天平留後，後被朝廷任命為天平節度使，從而開始了朱氏在天平鎮的割據。光啟二年（886年），朱瑄又遣其弟朱瑾奪取兗海鎮。因此，朱瑄、朱瑾兄弟擁有天平、兗海二鎮。

龍紀元年（889年）至大順二年（891年）期間，朱瑄趁淄青鎮內亂之際，奪取淄青鎮的齊州〔註76〕。《資治通鑑》記載：景福二年（893年）十二月，「汴將葛從周攻齊州刺史朱威，朱瑄、朱瑾引兵救之。」〔註77〕《舊五代史》記載：乾寧二年（895年）「十月，帝駐軍於鄆，齊州刺史朱瓊遣使請降，瓊即瑾之從父兄也。帝因移軍至兗，瓊果來降。未幾，瓊為朱瑾所紿，掠而殺之，帝即以其弟玼為齊州防禦使。」〔註78〕由這兩處記載可知，齊州當時是朱瑄兄弟的轄區。

最初，朱瑄兄弟與宣武節度使朱溫結為聯盟。後來朱溫企圖兼併天平、兗海二鎮，於是出兵進攻天平鎮。光啟三年（887年）八月，朱溫的部將朱珍、葛從周率軍攻取曹州。同年十月，朱珍又攻取濮州。朱瑄率軍奪回濮州，又乘勝奪回曹州。

大順二年（891年）十一月，曹州再次被朱溫奪取。《資治通鑑》記載：本年十一月，「曹州都將郭銖殺刺史郭詞，降於朱全忠。」〔註79〕

景福元年（892年）十一月，朱溫又派其子朱友裕攻取濮州。《資治通鑑》記載：本年十一月，「朱全忠遣其子友裕將兵十萬攻濮州，拔之，執其刺史邵倫。」〔註80〕

乾寧二年（895年）十一月，朱瑄屬下的齊州刺史朱瓊以齊州歸降朱溫，天平鎮實際僅僅控制有鄆州。《資治通鑑》記載：本年十一月，「齊州刺史朱瓊舉州降於朱全忠。」〔註81〕接著，朱瓊為朱瑾所殺。朱溫於是以齊州建置武肅軍防禦使，授朱瓊之弟朱玼為防禦使。對此，除了上文提及《舊五代史》的記載外，《全唐文》卷八百三十二也有《授齊州刺史充武肅軍防禦使朱玼加檢校

〔註76〕淄青鎮失去齊州的時間，詳見本章第二節《後期淄青鎮的轄區沿革》。
〔註77〕《資治通鑑》卷二百五十九《景福二年》，第8451頁。
〔註78〕《舊五代史》卷一《梁書・太祖本紀一》，第16頁。
〔註79〕《資治通鑑》卷二百五十八《大順二年》，第8421頁。
〔註80〕《資治通鑑》卷二百五十九《景福元年》，第8437頁。
〔註81〕《資治通鑑》卷二百六十《乾寧二年》，第8477頁。

司空制》。〔註82〕賴青壽先生的博論《唐後期方鎮建置沿革研究》考證，武肅軍防禦使建置於乾寧二年，至天復元年（901 年）罷除。〔註83〕由於武肅軍是朱溫建置的藩鎮，屬於五代十國的範疇，在此不作累述。

乾寧四年（897 年）正月，朱溫攻取鄆州，消滅朱瑄。至此，天平鎮最終為宣武節度使朱溫所攻取。同年二月，朱瑾也逃亡淮南，兗海鎮也被朱溫攻取。

綜上所述，天平鎮的轄區沿革可總結如表 5-5 所示。

表 5-5　天平鎮轄區統計表

時　　期	轄區總計	會　　府	詳細轄區
819 年～864 年	3 州	鄆州	鄆、曹、濮
864 年～872 年	5 州	鄆州	鄆、曹、濮、齊、棣
872 年～約 889 年	3 州	鄆州	鄆、曹、濮
約 889 年～891 年	4 州	鄆州	鄆、曹、濮、齊
891 年～892 年	3 州	鄆州	鄆、濮、齊、〔曹〕
892 年～895 年	2 州	鄆州	鄆、齊、〔曹、濮〕
895 年～897 年	1 州	鄆州	鄆、〔曹、濮〕〔註84〕

二、天平鎮下轄州縣沿革

天平鎮建置於元和十四年（819 年），延續時間較長，前期轄有鄆、曹、濮三州，後來增領齊、棣二州，後罷領。唐末，朱瑄割據於天平鎮後，又取得齊州。乾寧四年（897 年），兗海鎮被宣武節度使朱溫攻取，成為朱溫的勢力範圍。

（一）天平鎮長期轄有的州

鄆州：819 年～897 年屬天平鎮，為會府。鄆州原為淄青鎮會府，元和十四年（819 年），朝廷消滅淄青鎮李氏割據，分淄青鎮為淄青、天平、兗海三鎮，鄆州成為天平鎮會府。

〔註82〕　（清）董誥等編：《全唐文》卷八百三十二《授齊州刺史充武肅軍防禦使朱玭加檢校司空制》，第 8771 頁。
〔註83〕　賴青壽：《唐後期方鎮建置沿革研究》第四章第六節《淄青平盧節度使沿革》，第 92 頁。
〔註84〕　大順二年（891 年）十一月，曹州被宣武節度使朱溫攻取，景福元年（892 年）十一月，濮州被朱溫攻取，乾寧二年（895 年）十一月，齊州被朱溫攻取。其後，齊州建置武肅軍防禦使。

轄有東平、須昌、陽穀、鄆城、壽張、盧、東阿、平陰、鉅野、中都十縣。

東平縣：原為鄆州州治，大和四年（830年），改為天平縣。大和六年（832年）七月，廢天平縣入須昌縣〔註85〕。

須昌縣：大和六年（832年），東平縣被廢後，須昌縣成為鄆州州治。

曹州：819年～891年屬天平鎮。曹州原屬淄青鎮，元和十四年（819年），朝廷分割淄青鎮後，曹州改隸於天平鎮。大順二年（891年），曹州為宣武節度使朱溫所取。

轄有濟陰、冤句、乘氏、成武、南華、考城六縣，治於濟陰縣。

濮州：819年～892年屬天平鎮。濮州原隸於淄青鎮，元和十四年（819年），朝廷分割淄青鎮後，濮州改隸於天平鎮。景福元年（892年）十一月，曹州為宣武節度使朱溫所取。

轄有鄄城、雷澤、臨濮、濮陽、范五縣，治於鄄城縣。

圖 5-3　天平鎮轄區圖（819年）

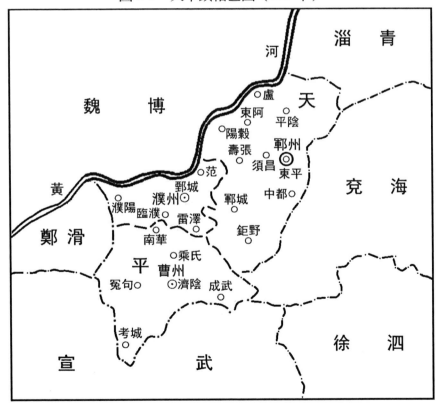

（二）天平鎮短期轄有的州

齊州：864年～872年、約889年～895年屬天平鎮。齊州曾隸屬於淄青、滄景二鎮。咸通五年（864年），齊州改隸於天平鎮，咸通十三年（872年）復隸於淄青鎮。龍紀元年（889年）至大順二年（891年）期間，齊州被天平節度使朱瑄奪取。乾寧二年（895年），朱瑄的部將朱瓊以齊州降於宣武節度使朱溫。

轄有歷城、章丘、臨邑、臨濟、長清、禹城六縣，治於歷城縣。

棣州：864年～872年屬天平鎮。棣州曾隸屬於淄青、幽州、成德、橫海、淄青等鎮。咸通五年（864年），棣州改隸於天平鎮，咸通十三年（872年）復隸於淄青鎮。

轄有厭次、滴河、渤海、陽信、蒲臺五縣，治於厭次縣。

第四節　兗海鎮

兗海鎮，是由淄青鎮分割而建置的一個藩鎮，軍號泰寧軍。唐末，天平節度使朱瑄派其弟朱瑾奪取兗海鎮。直至乾寧四年（897 年），兗海鎮被宣武軍節度使朱溫攻取。

一、兗海鎮的轄區沿革

兗海鎮的建置沿革為：沂海都團練觀察使（819～820）—兗海都團練觀察使（820～822）—兗海節度使（822～834）—兗海觀察使（834～851）—兗海節度使（851～876）—泰寧軍節度使（876～897）。

兗海鎮是元和十四年（819年）朝廷分淄青鎮而設置的一個藩鎮，長期轄有兗、海、沂、密四州，最初治於沂州，後遷徙治於兗州。

元和十四年（819年）三月，朝廷平定淄青鎮李氏割據之後，為了削弱淄青鎮實力，將其分割為三個藩鎮，兗海鎮便是其中之一，當時轄有沂、海、兗、密四州，治於沂州。《方鎮表二》記載：本年，「置沂海觀察使，領沂、海、兗、密四州，治沂州。」〔註86〕另外，《資治通鑑》也記載：本年三月，「以淄青四面行營供軍使王遂為沂、海、兗、密等州觀察使。」〔註87〕《舊唐書》也記載：本年三月，「以淄青四面行營供軍使王遂為沂州刺史，充沂海兗密等州都團練觀察等使……（七月）甲辰，以棣州刺史曹華為沂州刺史，充沂海兗密等州都

〔註86〕《新唐書》卷六十五《方鎮表二》，第 1210～1222 頁。下同，不再引注。
〔註87〕《資治通鑑》卷二百四十一《元和十四年》，第 7767～7768 頁。

團練觀察使」〔註88〕。由於兗海鎮當時治於沂州，所以當時被稱為沂海鎮。

同年七月，沂海鎮剛建置不久就發生軍亂。役卒王弁作亂，殺害節度使王遂、副使張敦實，自稱留後。朝廷改任曹華為沂海觀察使，並於同年八月平定了沂州亂軍。

由於這次軍亂事件，朝廷於元和十五年（820年）正月將沂海鎮會府遷到兗州。《資治通鑒》記載：本年「正月，沂、海、兗、密觀察使曹華請徙理兗州，許之。」〔註89〕《方鎮表二》卻記載：長慶元年（821年），「升沂海觀察使為節度使，徙治兗州。」這個記載其實有誤。因為《舊唐書》也記載：元和十五年正月「丙戌，沂海四州觀察使府移置於兗州。」〔註90〕因此，沂海鎮遷徙治於兗州是發生在元和十五年。從此，沂海鎮改稱為兗海鎮。

長慶二年（822年），朝廷升兗海觀察使為節度使〔註91〕，大和八年（834年）又降為觀察使，直至大中五年（851年）再次升為節度使。《方鎮表二》對此有載。

咸通三年（862年）八月，兗海鎮增領徐州。《資治通鑒》記載：本年八月，「今改為徐州團練使，隸兗海節度。」〔註92〕《方鎮表二》也記載：本年，「罷武寧軍節度。置徐州團練防禦使，隸兗海。」當時由於徐泗鎮連續兩度發生軍亂，朝廷平定徐州亂軍後，廢除徐泗鎮。直至咸通四年（863年）十一月，朝廷復建徐泗鎮，沂海鎮因而罷領徐州〔註93〕。

乾符三年（876年）二月，朝廷賜兗海鎮軍號泰寧軍。《資治通鑒》記載：本年二月，「賜兗海節度號泰寧軍。」〔註94〕

光啟二年（886年），天平節度使朱瑄的弟弟朱瑾驅逐泰寧節度使齊克讓，佔據兗海鎮，與天平鎮相互依託。此後，兗海鎮成為天平鎮的附屬藩鎮。朱瑾佔據兗海鎮後，長期與宣武節度使朱溫相互攻伐。

乾寧四年（897年）正月，朱溫消滅天平節度使朱瑄，取得天平鎮。朱瑾

〔註88〕《舊唐書》卷十五《憲宗本紀下》，第467～469頁。
〔註89〕《資治通鑒》卷二百四十一《元和十五年》，第7776頁。
〔註90〕《舊唐書》卷十五《憲宗本紀下》，第471頁。
〔註91〕《新唐書》卷六十五《方鎮表二》記載為長慶元年（821年），賴青壽《唐後期方鎮建置沿革研究》第四章第六節《淄青平盧節度使沿革》第91頁考證為長慶二年（822年）。
〔註92〕《資治通鑒》卷二百五十《咸通三年》，第8100頁。
〔註93〕徐泗鎮的復置時間，詳見第四章第三節《徐泗鎮的轄區沿革》。
〔註94〕《資治通鑒》卷二百五十二《乾符三年》，第8182頁。

當時前往徐州境內掠奪軍糧，以部將康懷貞留守兗州。同年二月，康懷貞以兗州歸降朱溫。朱瑾無奈之下，率軍逃往沂州，沂州刺史尹處賓閉城不納。朱瑾又走保海州，不久因為受到朱溫軍隊的進攻，逃往淮南鎮，歸附於淮南節度使楊行密。至此，兗海鎮最終被宣武節度使朱溫兼併。

綜上所述，兗海鎮的轄區沿革可總結如表 5-6 所示。

表 5-6　兗海鎮轄區統計表

時　期	轄區總計	會　府	詳細轄區
819 年～820 年	4 州	沂州	沂、海、兗、密
820 年～862 年	4 州	兗州	兗、海、沂、密
862 年～863 年	5 州	兗州	兗、海、沂、密、徐
863 年～897 年	4 州	兗州	兗、海、沂、密

二、兗海鎮下轄州縣沿革

兗海鎮建置於元和十四年（819 年），其轄區變化較小，長期內都轄有兗、海、沂、密四州。另外，徐州隸屬兗海鎮的時間極短，在此不再敘述。

兗州：819 年～897 年屬兗海鎮，長期為會府。兗州原隸於淄青鎮，元和十四年（819 年），朝廷分淄青鎮為淄青、天平、兗海三鎮之後，兗州改隸於兗海鎮。十五年（820 年），兗州成為兗海鎮會府。乾寧四年（897 年），兗海鎮被宣武節度使朱溫攻取。天復三年（903 年）正月，淄青節度使王師範派部將劉鄩奪取兗州。同年十月，劉鄩得知王師範歸降朱溫後，以兗州降於朱溫。

轄有瑕丘、金鄉、鄒、龔丘、魚臺、萊蕪、乾封、曲阜、泗水、任城十縣，治於瑕丘縣。

魚臺縣：元和十四年（819 年），改隸於徐州，不久又隸兗州〔註 95〕。

萊蕪縣：元和十五年（820 年）廢，地入乾封縣，大和元年（827 年）復置〔註 96〕。

密州：819 年～897 年屬兗海鎮。密州原隸於淄青鎮，元和十四年（819 年），密州改隸於兗海鎮。乾寧四年（897 年），兗海鎮被宣武節度使朱溫奪取，密州則為淄青節度使王師範所奪取。光化二年（899 年），密州被朱溫攻取，

〔註 95〕《新唐書》卷三十八《地理志二》，第 654 頁。
〔註 96〕《新唐書》卷三十八《地理志二》，第 654 頁。

繼而又被王師範奪回。其後，密州又被朱溫攻取，直至天復三年（903 年）五月又為王師範所取，同年六月又為朱溫所取。

轄有諸城、高密、輔唐、莒四縣，治於諸城縣。

海州：819 年～897 年屬兗海鎮。海州原隸於淄青鎮，元和十四年（819年），淄青鎮分置之後，海州改隸於兗海鎮。乾寧四年（897 年），兗海鎮被朱溫攻取。

轄有朐山、東海、沭陽、懷仁四縣，治於朐山縣。

沂州：819 年～897 年屬兗海鎮。沂州原隸於淄青鎮，元和十四年（819 年），朝廷分淄青鎮為淄青、兗海、天平三鎮，沂州作為兗海鎮會府。十五年（820 年），兗海鎮徙治於兗州。乾寧四年（897 年），兗海鎮被朱溫攻取，沂州則為淄青節度使王師範所取，直至光化二年（899 年）為宣武節度使朱溫所取。

轄有臨沂、沂水、費、承、新泰五縣，治於臨沂縣。

圖 5-4　兗海鎮轄區圖（827 年）

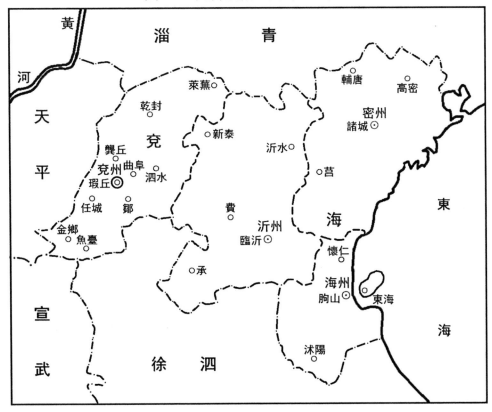

第六章　河東道藩鎮

　　河東道內的藩鎮主要有昭義（澤潞）、河中、河東三鎮。

　　昭義鎮初稱澤潞鎮，建置於至德元載（756年），至建中元年（780年）與昭義軍合併為一鎮。昭義鎮長期轄有潞、邢、洺、磁等州，治於潞州，也曾短期徙治澤州。唐末，昭義鎮分裂為兩鎮。孟方立佔據邢、洺、磁三州，治於邢州。大順元年（890年），昭義鎮最終被河東節度使李克用攻取。

　　河中鎮始置於至德元載（756年），數年後廢除。大曆十四年（779年），河中鎮復置，此後主要轄有河中府和絳、隰、晉、慈四州，治於河中府。唐末，王重榮家族割據於河中鎮，軍號護國軍，後為宣武節度使朱溫所滅。另外，唐代中後期，朝廷曾經三度分河中鎮建置晉慈鎮。晉慈鎮轄有晉、慈等州，治於晉州，後又併入河中鎮。

　　河東鎮建置時間較早，是「天寶十節度使」之一。河東鎮長期轄有太原府、儀、石、嵐、汾、代、忻、朔、蔚、雲、沁十州，治於太原府。唐末，李克用、李存勖父子割據於河東鎮，建立晉政權。五代時期，李存勖消滅後梁，建立後唐。另外，唐代後期，朝廷分河東鎮建置大同、代北二鎮。大同鎮長期轄有雲、朔、蔚三州，治於雲州。唐末，赫連鐸割據於大同鎮，直至大順二年（891年）為河東節度使李克用所滅。代北鎮建置於唐末，長期轄有代、忻、蔚、朔四州，治於代州，先後經歷李克用、李國昌兩任節度使。直至中和三年（883年），李國昌去世，代北鎮併入河東鎮。

　　這一章主要研究河東道的昭義（澤潞）、河中、河東三個藩鎮，其中兼及晉慈、大同、代北等藩鎮。

第一節　昭義鎮

　　昭義鎮，初稱澤潞鎮，與相衛鎮昭義軍並不是一個藩鎮。大曆十年（775年）前，昭義鎮和澤潞鎮是兩個不同的藩鎮。昭義鎮即相衛鎮，大曆十年其轄區大部被魏博鎮侵奪，僅剩邢、磁二州，仍稱昭義鎮。

　　澤潞鎮建置於至德元載（756年），當時並沒有軍號。建中元年（780年），昭義軍與澤潞鎮正式合併為一個藩鎮。至此，澤潞鎮有了昭義的軍號，因而也稱昭義鎮。元和十五年（820年），劉悟家族開始割據於昭義鎮，會昌四年（844年）被朝廷平定。此後昭義鎮罷領澤州，因而不再稱為澤潞鎮。唐末，昭義鎮分裂為二鎮。其中，孟方立、孟遷兄弟佔據邢、洺、磁三州，仍稱昭義軍，又稱邢洺鎮，大順元年（890年）為河東節度使李克用所滅。

　　學界研究昭義鎮個案的碩士論文較多，如陳翔先生的《關於唐代澤潞鎮的幾個問題》〔註1〕、王韻的《論唐、五代的昭義鎮》〔註2〕、吳文良的《澤潞劉氏的興亡與唐代中後期的政治》〔註3〕、郎潔的《唐中晚期昭義鎮研究——兼論中央與藩鎮關係》〔註4〕、杜立暉的《新出墓誌所見唐昭義軍的幾個問題》〔註5〕。其中，陳翔的《關於唐代澤潞鎮的幾個問題》對昭義鎮的轄區沿革涉及較多，其他則相對較少。

一、昭義鎮的轄區沿革

　　昭義鎮的建置沿革為：澤潞節度使（756～780）—昭義軍節度使（780～890）。

　　澤潞鎮建置之初轄有澤、潞、沁三州，治於潞州，後又曾增領鄭、陳、懷等州。建中元年，澤潞鎮與昭義鎮合併之後長期轄有澤、潞、邢、洺、磁五州，直至會昌四年（844年）罷領澤州。唐末，孟氏割據於邢、洺、磁三州，治於邢州；潞州則為河東節度使所取，也稱為昭義鎮。

〔註1〕　陳翔：《關於唐代澤潞鎮的幾個問題》，碩士學位論文，陝西師範大學歷史系，2006年。

〔註2〕　王韻：《論唐、五代的昭義鎮》，碩士學位論文，四川師範大學歷史系，2003年。

〔註3〕　吳文良：《澤潞劉氏的興亡與唐代中後期的政治》，碩士學位論文，首都師範大學歷史系，2007年。

〔註4〕　郎潔：《唐中晚期昭義鎮研究——兼論中央與藩鎮關係》，碩士學位論文，中央民族大學歷史系，2007年。

〔註5〕　杜立暉：《新出墓誌所見唐昭義軍的幾個問題》，碩士學位論文，河北師範大學歷史系，2007年。

（一）澤潞鎮初期的轄區沿革

澤潞鎮始置於至德元載（756 年），當時領有上黨、高平、陽城三郡，治於上黨郡。《方鎮表三》記載：本年，「置澤潞沁節度使，治潞州。」〔註6〕澤、潞、沁三州當時的實際為高平郡、上黨郡、陽城郡。直至乾元元年（758 年），三郡才分別改為澤州、潞州、沁州。

上元二年（761 年），澤潞鎮的沁州先改隸於河中鎮，後又復隸澤潞鎮。《方鎮表三》中有「（上元二年）澤潞節度增領沁州」的記載，關於這條記載應該是不全面的。同表河中欄記載：本年，「河中節度增領沁州……是年，復以沁州隸澤潞節度。」由此可見，河中節度使在上元二年增領的沁州，之前屬於澤潞鎮，這也印證了澤潞鎮在始置時領有沁州的記載。

寶應元年（762 年），澤潞鎮「增領鄭州，又增領陳、邢、洺、趙四州。」〔註7〕同年十一月，安史之亂的將領張忠志、薛嵩等人歸順於朝廷。朝廷任命張忠志為成德軍節度使，還將趙州劃歸其管轄。

另外，澤潞鎮建置初期還曾經轄有儀州。《資治通鑒》記載：寶應元年七月，「七月，壬辰，以郭子儀都知朔方、河東、北庭、潞儀澤沁陳鄭等節度行營及興平等軍副元帥。」胡三省注：「時以潞、沁、澤、儀、陳、鄭為一鎮，以李抱玉為節度使。」可知澤潞鎮在寶應元年轄有儀州。〔註8〕至於儀州何時始隸於澤潞鎮，何時改隸於河東鎮的，則無從考證。

大約在廣德元年（763 年），沁州改隸於河東鎮。根據史籍記載來看，沁州後來是屬於河東鎮的。至於沁州是何時脫離澤潞鎮，沒有明確的記載。由上一段落所引記載可知，寶應元年，澤潞鎮尚轄有沁州。根據《資治通鑒》記載，廣德元年朔方節度使僕固懷恩想要率軍進攻河東節度使辛雲京之時，「將朔方兵數萬屯汾州，使其子御史大夫瑒將萬人屯榆次，裨將李光逸等屯祈〔祁〕縣，李懷光等屯晉州，張維岳等屯沁州。」〔註9〕根據這段記載可以看出，沁州在廣德元年已經改隸於河東鎮。其後，同書記載：大曆十二年（777 年），「鳳翔、懷澤潞、秦隴節度使李抱玉薨，弟抱真仍領懷澤潞留後。」〔註10〕此處僅提及

〔註6〕《新唐書》卷六十六《方鎮表三》，1225～1252 頁。下同，不再引注。
〔註7〕《新唐書》卷六十六《方鎮表三》，1233 頁。
〔註8〕陳翔：《關於唐代澤潞鎮的幾個問題》，碩士學位論文，陝西師範大學歷史系，2006 年，第 6 頁。
〔註9〕《資治通鑒》卷二百二十三《廣德元年》，第 7147 頁。
〔註10〕《資治通鑒》卷二百二十五《大曆十二年》，第 7241 頁。

澤潞鎮的懷、澤、潞三州，並沒有提到沁州。另外的諸多記載也僅僅提及澤潞鎮轄有這三州，而沒有沁州。因此，沁州大約在廣德元年（763年）改隸於河東鎮。

廣德元年（763年）正月，朝廷任命薛嵩為相衛節度使，邢、洺二州改隸於相衛鎮。其實在廣德元年，朝廷對各個藩鎮的轄區進行了數次劃分。因為在這一年，有不少歸順朝廷的叛將和很多平亂的功臣，都因功被授予節度使。為了使這些人都滿意，朝廷不得已對各個藩鎮的轄區進行了多次劃分。以衛州為例，在這一年，先是隸屬於澤潞鎮，後又改隸於相衛鎮，之後又隸於澤潞鎮，其後又隸於相衛鎮。因此，這一年各個藩鎮的轄區是不斷變化的。通過總結得出，澤潞鎮在廣德元年最終轄有澤、潞、鄭、陳、懷五州和河陽三城。

對於澤潞鎮轄有河陽三城的問題。《資治通鑑》記載：廣德元年五月「丁卯，制分河北諸州……懷、衛、河陽為澤潞管。」另外，河陽三城建置有河陽三城使，對其進行管轄。

大曆四年（769年），澤潞鎮增領潁州，原轄有的陳州改隸於滑亳鎮。次年，澤潞鎮罷領鄭、潁二州。《資治通鑑》記載，大曆五年（770年）四月，涇原節度使馬璘向朝廷訴說本鎮荒廢，不能養軍，於是朝廷下令「（澤潞節度使）李抱玉以鄭、潁二州讓之；乙巳，以（馬）璘兼鄭潁節度使。」〔註11〕至此，澤潞鎮轄有澤、潞、懷三州和河陽三城。

（二）昭義、澤潞二鎮合併後的轄區沿革

大曆十年（775年），相衛鎮（又稱昭義鎮）被魏博節度使田承嗣侵佔後，其轄區僅剩下磁、邢二州和洺州的臨洺縣，仍然稱為昭義鎮。次年（776年）十二月，朝廷「以澤潞行軍司馬李抱真兼知磁、邢兩州留後」〔註12〕，成為澤潞、昭義兩鎮合併的前奏。

建中元年（780年），朝廷正式將澤潞鎮與昭義鎮合併為一鎮。澤潞鎮此前轄有澤、潞、懷三州和河陽三城，昭義鎮此前僅有邢、磁二州。因而，澤潞、昭義二鎮合併後轄有澤、潞、懷、邢、磁五州和河陽三城，治於潞州。合併之後，仍然保留了昭義軍的軍號。因此，此後澤潞鎮也稱為昭義鎮。

建中二年（781年）正月，昭義鎮罷領懷州、河陽三城。《方鎮表三》記載：本年，「昭義軍節度罷領懷、衛二州、河陽三城。」《資治通鑑》也記載：

〔註11〕《資治通鑑》卷二百二十四《大曆五年》，第7214頁。
〔註12〕《資治通鑑》卷二百二十五《大曆十一年》，第7241頁。

本年正月，「以東都留守路嗣恭為懷、鄭、汝、陝四州、河陽三城節度使。」
〔註13〕因此，懷州、河陽三城都改隸於河陽節度使。另外，衛州原本隸屬於魏
博鎮，魏博節度使田悅叛亂後，朝廷將衛州劃入昭義鎮。但是，衛州一直在魏
博鎮的實際控制下，只是名義上隸於昭義鎮，旋即又改隸於河陽鎮。

　　建中三年（782年）正月，魏博節度使田悅叛亂之時，其從兄田昂於以洺
州歸降朝廷。同年四月，「會洺州刺史田昂請入朝，（馬）燧奏以洺州隸（李）
抱真。」〔註14〕至此，昭義鎮增領洺州。此後，昭義鎮長期轄有澤、潞、邢、
磁、洺五州。

　　貞元十年（794年）至十二年（796年），昭義鎮曾經出現短暫內部分裂的
局面。貞元十年（794年）六月，昭義節度使李抱真去世，其子李緘想要襲父
位不成，步軍都虞侯王延貴控制了昭義軍。七月，朝廷以王延貴為昭義留後，
賜名虔休。昭義行軍司馬、攝洺州刺史元誼聽說王虔休心中不服，於是向朝廷
請求分磁、邢、洺三州另置一鎮。朝廷不同意，還數次派遣中使宣慰元誼。但
是元誼繼續佔據洺州，不聽號令。洺州臨洺守將夏侯仲宣歸順於王虔休，王虔
休於是派磁州刺史馬正卿、將領石定蕃等人率領五千兵進攻洺州。石定蕃卻率
領二千兵投靠元誼，馬正卿只好退兵。朝廷下詔改任元誼為饒州刺史，元誼不
奉詔。王虔休於是親自率兵進攻元誼，引洺水灌城。九月，王虔休攻克洺州雞
澤，十二月又急攻洺州，結果被元誼打敗，死傷過半。貞元十一年（795年）
閏八月，元誼向王虔休詐降。王虔休派裨將率二千軍入城，全部被元誼殺死。
貞元十二年（796年）正月，元誼、石定蕃無力再守洺州，率領五千兵及家人
逃到魏州〔註15〕。至此，才結束昭義鎮為時一年半的分裂。

　　元和十五年（820年）十月，朝廷任命劉悟為昭義節度使，開始了劉氏在
昭義鎮的割據。此時昭義鎮仍轄有澤、潞、邢、磁、洺五州，治於潞州。

　　長慶元年（821年）七月，幽州鎮朱克融發動兵變，實行割據。劉悟被朝
廷調任為幽州節度使，行至邢州時，成德鎮王庭湊也發動兵變，劉悟無法進入
幽州鎮，還屯於邢州。於是，朝廷再次任命劉悟為昭義節度使，兼任幽、鎮招
討使。此後，昭義鎮就治於邢州。

　　寶曆元年（825年）八月，劉悟去世，其子劉從諫繼位。劉從諫繼位後，

〔註13〕《資治通鑑》卷二百二十六《建中二年》，第7295～7296頁。
〔註14〕《資治通鑑》卷二百二十七《建中三年》，第7327頁。
〔註15〕此段內容原始記載出自於《資治通鑑》卷二百三十五《貞元十年》《貞元十一
　　　　年》《貞元十二年》，第7560～7570頁。

為得軍心，將昭義鎮的治所遷回潞州。對此，《新唐書》記載：「昭義自（劉）悟時治邢州，而人思上黨，（劉）從諫還治潞」〔註16〕。

會昌三年（843年），劉從諫病死，其侄劉稹向朝廷請求襲位，朝廷不許，並詔令諸鎮討伐。成德節度使王元逵、魏博節度使何弘敬等人都率軍討伐。會昌四年（844年）閏七月，昭義鎮將領裴問與邢州刺史崔嘏歸降於王元逵。接著，昭義鎮將領王釗、安玉先後以洺州、磁州歸降於何弘敬。同年八月，劉稹最終被平定，劉氏對昭義鎮的割據宣告結束。

鑒於昭義鎮出現割據的情況，朝廷將昭義鎮所轄的澤州劃歸河陽鎮，以削弱昭義鎮的實力。《資治通鑒》記載：本年九月，「詔以澤州隸河陽節度」〔註17〕。從此，昭義鎮不再轄有澤州，因而不再稱澤潞鎮，僅稱昭義鎮。

此後，昭義鎮長期轄有潞、邢、洺、磁四州，仍治於潞州。

（三）唐末昭義鎮的分立

唐末，昭義鎮分裂為兩鎮。其中，孟方立佔據邢、洺、磁三州，割據一方，成為實際意義上的邢洺鎮。潞州則為河東節度使李克用所取，也保持昭義鎮的建置。

中和元年（881年）九月，孟方立率軍進入潞州，自稱昭義軍留後，又徙治於邢州，以潞州監軍祁審誨為潞州刺史。接著，潞州將士則擁立監軍使吳全勖為留後。朝廷「以（孟）方立知邢州事，方立不受，因（吳）全勖。」〔註18〕

次年九月，朝廷派中書舍人鄭昌圖到潞州就任昭義軍節度使。十二月，鄭昌圖離開潞州。孟方立自稱昭義留後，仍然徙治於邢州，留部將李殷銳為潞州刺史。《資治通鑒》記載：中和二年（882年）十二月，「（鄭）昌圖至潞州，不三月而去，（孟）方立遂遷昭義軍於邢州，自稱留後，表其將李殷銳為潞州刺史。」〔註19〕

中和三年（883年）十月，潞州被河東節度使李克用奪取。李克用以潞州建置一鎮，也稱昭義軍。孟方立割據於邢、洺、磁三州，仍然稱為昭義軍。至此，昭義鎮正式分裂為兩鎮。對於孟氏之昭義鎮，將在下文《唐末邢洺鎮的沿革》中論述。

〔註16〕《新唐書》卷二百一十四《劉悟傳》，第4581頁。
〔註17〕《資治通鑒》卷二百四十八《會昌四年》，第8010頁。
〔註18〕《資治通鑒》卷二百五十五《中和二年》，第8284頁。
〔註19〕《資治通鑒》卷二百五十五《中和二年》，第8285頁。

綜上所述，昭義鎮的轄區沿革可總結如表 6-1 所示。

表 6-1　昭義鎮轄區統計表

時　　期	轄區總計	會　府	詳細轄區
756 年～758 年	3 郡	上黨郡	高平、上黨、陽城
758 年～762 年	3 州	潞州	澤、潞、沁
762 年	9 州	潞州	澤、潞、沁、鄭、陳、邢、洺、趙、儀
763 年～769 年	5 州	潞州	澤、潞、鄭、陳、懷、河陽三城
769 年～770 年	5 州	潞州	澤、潞、鄭、懷、穎、河陽三城
770 年～780 年	3 州	潞州	澤、潞、懷、河陽三城
780 年～781 年	5 州	潞州	澤、潞、懷、邢、磁、河陽三城
781 年～782 年	4 州	潞州	澤、潞、邢、磁
782 年～821 年	5 州	潞州	澤、潞、邢、洺、磁
821 年～約 825 年	5 州	邢州	澤、潞、邢、洺、磁
約 825 年～844 年	5 州	潞州	澤、潞、邢、洺、磁
844 年～881 年	4 州	潞州	潞、邢、洺、磁
881 年～882 年	1 州	潞州	潞

二、唐末邢洺鎮的沿革

　　唐末，孟方立佔據邢、洺、磁三州，割據一方，仍然稱為昭義軍。因為孟方立轄有邢、洺、磁三州，所以其藩鎮也被稱為邢洺鎮。孟方立死後，其弟孟遷繼任，後為河東節度使李克用所滅。

　　中和元年（881 年）九月，孟方立自稱昭義軍留後，據有邢、洺、磁、潞四州，治於邢州。潞州將士則擁立監軍使吳全勖為留後，卻被孟方立囚禁。次年九月，朝廷改派中書舍人鄭昌圖到潞州就任昭義軍節度使。鄭昌圖到潞州不到三個月，就離任而去。孟方立於是正式將昭義鎮的會府遷到邢州，以部將李殷銳留守潞州。《資治通鑑》記載：中和二年（882 年）十二月，「（鄭）昌圖至潞州，不三月而去，（孟）方立遂遷昭義軍於邢州，自稱留後，表其將李殷銳為潞州刺史。」〔註 20〕

　　其實從這些記載可以看出，從中和元年（881 年）九月開始，孟方立就已

〔註 20〕《資治通鑑》卷二百五十五《中和二年》，第 8285 頁。

經控制了邢、洺、磁、潞四州，治於邢州。雖然吳全勖、鄭昌圖以昭義留後、昭義節度使的名義治於潞州，但是潞州最終還是被孟方立控制。因此筆者認為，昭義鎮應該是在中和元年（881年）九月將治所遷到邢州的。《方鎮表三》記載：中和二年，「節度使孟方立徙昭義軍於邢州，而兼領潞州，自是五州有二昭義節度。」這裡所記載的時間並不準確。

中和三年（883年）十月，河東節度使李克用派部將李克脩攻取潞州，殺孟方立任命的刺史李殷銳。至此，潞州為李克用所取。中和四年（884年）八月，李克用又奏請以李克脩為昭義軍節度使。從此昭義鎮分為兩鎮：孟方立據有邢、洺、磁三州，治於邢州，稱昭義軍，又稱邢洺鎮；李克脩據有潞州，也稱昭義軍。

龍紀元年（889年）五月，李克用派大將李罕之、李存孝進攻孟方立，「六月，拔磁、洺二州。」〔註21〕李克用乘勝進攻邢州，孟方立懼怕，自殺而死。其弟孟遷被將士擁立為留後，向朱溫求救，繼續抵抗李克用的進攻。

大順元年（890年）正月，孟遷無力再守邢州，於是歸降於李克用。孟遷向李克用投降後，昭義鎮最終為李克用兼併。

三、昭義鎮下轄州縣沿革

早期澤潞鎮的轄區變化較大，曾轄有澤、潞、鄭、陳、懷等州。昭義鎮與澤潞鎮合併之後，轄區較為穩定，長期轄有澤、潞、邢、洺、磁五州。會昌四年（844年）後，昭義鎮罷領澤州，主要轄有潞、邢、洺、磁四州。這裡對這八個州的沿革進行總結。

（一）昭義鎮長期轄有的州

潞州：756年～883年屬澤潞（昭義）鎮，長期作為會府。天寶元年（742年），潞州改為上黨郡，至德元載（756年）建置為澤潞鎮，乾元元年（758年）復為潞州。建中元年（780年），澤潞鎮與昭義鎮合併，仍治於潞州。長慶元年（821年），昭義節度使劉悟徙治於邢州。其子劉從諫繼位後，還治於潞州。中和元年（881年），孟方立據有昭義鎮，又徙治於邢州。中和三年（883年），潞州為河東節度使李克用所取，仍置昭義鎮。

轄有上黨、長子、屯留、潞城、壺關、黎城、銅鞮、武鄉、襄垣、涉十縣，治於上黨縣。

〔註21〕《資治通鑑》卷二百五十八《龍紀元年》，第8387頁。

澤州：756 年～844 年屬澤潞（昭義）鎮。天寶元年（742 年），澤州改為高平郡，至德元載（756 年）始隸於澤潞鎮，乾元元年（758 年）復為澤州。建中元年（780 年），澤潞鎮與昭義鎮合併後，澤州隸屬於昭義鎮。會昌四年（844 年），朝廷消滅昭義鎮劉氏割據後，澤州改隸於河陽鎮。

轄有晉城、高平、陵川、沁水、陽城、端氏六縣，治於晉城縣。

邢州：780 年～890 年屬昭義鎮，881 年～890 年為邢洺鎮會府。邢州原隸於相衛鎮，大曆十年（775 年），相衛鎮被魏博節度使田承嗣攻取之後，僅剩邢、磁二州，仍稱昭義軍。建中元年（780 年），昭義鎮與澤潞鎮合併，改治於潞州。長慶元年（821 年），昭義節度使劉悟徙治於邢州。其子劉從諫繼位後，還治潞州。中和元年（881 年），孟方立開始割據於昭義鎮，徙治邢州，後僅轄邢、洺、磁三州，因而又被稱為邢洺鎮。大順元年（890 年），邢州之昭義鎮最終被李克用攻取。

轄有龍岡、堯山、鉅鹿、沙河、平鄉、南和、任、內丘、青山九縣，治於龍岡縣。

洺州：782 年～889 年屬昭義鎮。洺州原屬相衛鎮，大曆十年（775 年）被魏博節度使田承嗣奪取。建中三年（782 年），魏博節度使田悅叛亂，朝廷取得洺州，將其劃歸昭義鎮。龍紀元年（889 年），洺州為河東節度使李克用所取。

轄有永年、雞澤、肥鄉、曲周、臨洺、平恩、洺水、清漳八縣，治於永年縣。

洺水縣：會昌三年（843 年），廢洺水縣，其地併入曲周縣〔註22〕。

清漳縣：會昌三年（843 年），廢清漳縣，其地併入肥鄉縣〔註23〕。

臨洺縣：大曆十年（775 年），魏博節度使田承嗣攻取洺州，臨洺縣為朝廷實際控制。十一年（776 年），朝廷以洺州隸魏博鎮，臨洺縣改隸於邢州。建中三年（782 年），洺州隸於昭義鎮，臨洺縣復隸於洺州〔註24〕。

磁州：780 年～889 年屬昭義鎮。永泰元年（765 年），相衛節度使薛嵩奏請建置磁州，隸於相衛鎮。大曆十年（775 年），相衛鎮被魏博節度使田承嗣攻取後，僅剩邢、磁二州，仍隸於昭義鎮。建中元年（780 年），昭義鎮與澤潞

〔註22〕《舊唐書》卷三十九《地理志二》，第 1498 頁。
〔註23〕《新唐書》卷三十九《地理志三》，第 667 頁。
〔註24〕詳見第七章第四節《相衛鎮的轄區沿革》。

鎮合併後，磁州隸屬於昭義鎮。龍紀元年（889年），磁州為河東節度使李克用所取。

轄有滏陽、邯鄲、昭義、武安四縣，治於滏陽縣。

滏陽縣：磁州的州治。滏陽縣原屬相州，永泰元年（765年）置磁州，治於滏陽縣〔註25〕。

邯鄲縣：原屬洺州，永泰元年（765年）被劃到磁州治下〔註26〕。

昭義縣：永泰元年（765年）置〔註27〕。

武安縣：原屬洺州，永泰元年（765年）改隸於磁州〔註28〕。

（二）昭義鎮短期轄有的州

鄭州：762年～770年屬澤潞鎮。天寶元年（742年），鄭州改為滎陽郡。十四載（755年）十二月，滎陽郡為安祿山所陷。至德元載（756年），屬安氏政權，改為鄭州。朝廷則以滎陽郡隸於東畿鎮，同年改隸於淮西鎮。二載（757年），朝廷收復，仍作滎陽郡。乾元元年（758年），復為鄭州。同年八月，鄭州改隸於豫許汝節度使。同年，復隸於淮西節度使，為治所。二年（759年）四月，鄭州建置鄭陳節度使，轄有鄭、陳、亳、潁四州。同年九月，鄭州為史思明政權所陷。上元二年（761年），鄭陳鎮廢除，鄭州改隸於淮西鎮。寶應元年（762年）十月，收復鄭州。同年，鄭州改隸於澤潞鎮，大曆五年（770年）改隸於涇原鎮。

轄有管城、滎陽、陽武、新鄭、滎澤、原武、中牟七縣，治於管城縣。

陳州：762年～769年屬澤潞鎮。天寶元年（742年），陳州改為淮陽郡。十四載（755年），始隸於河南鎮。乾元元年（758年），復為陳州，改隸於淮西鎮，二年（759年）改隸於鄭陳鎮，上元二年（761年）復隸於淮西鎮。寶應元年（762年），陳州改隸於澤潞鎮，大曆四年（769年）改隸於滑亳鎮。

轄有宛丘、太康、項城、南頓、溵水、西華六縣，治於宛丘縣。

懷州：763年～781年屬澤潞鎮。天寶元年（742年），懷州改為河內郡，至德元載（756年）始隸於東畿鎮，乾元元年（758年）復為懷州，廣德元年（763年）改隸於澤潞鎮，建中二年（781年）改隸於河陽鎮。

〔註25〕《舊唐書》卷三十九《地理志二》，第1499頁。
〔註26〕《舊唐書》卷三十九《地理志二》，第1499頁。
〔註27〕《舊唐書》卷三十九《地理志二》，第1499頁。
〔註28〕《舊唐書》卷三十九《地理志二》，第1499頁。

　　轄有河內、武涉、武德、修武、獲嘉、河陽、汜水、溫、濟源、河清等縣，
治於河內縣。

圖 6-1　澤潞鎮轄區圖（763 年）

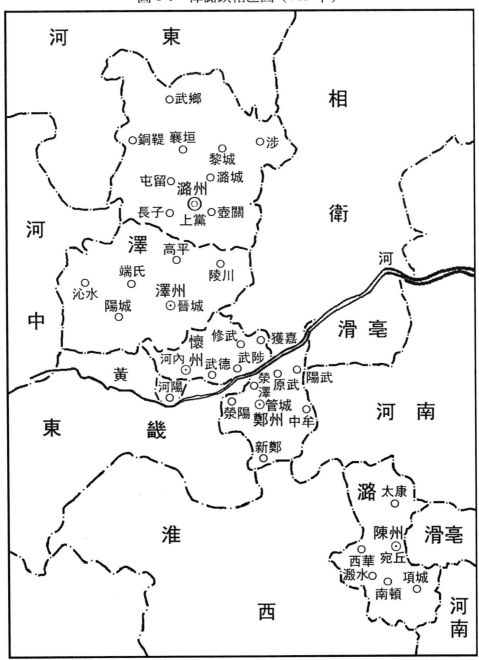

圖 6-2 昭義鎮轄區圖（820 年）

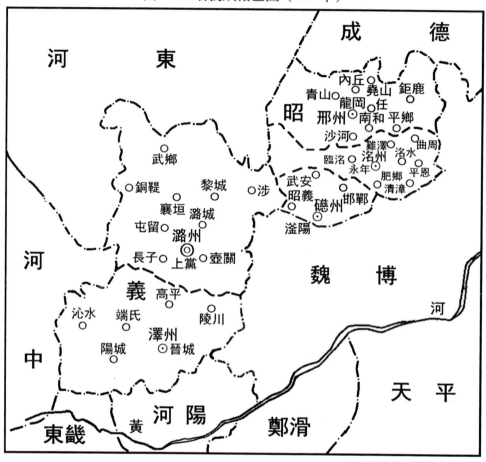

第二節 河中鎮

河中鎮是河東道一個相對較大的藩鎮，始置於至德元載（756 年），長期轄有河中府和絳、隰、晉、慈四州，治於河中府。另外，河中鎮曾經分置晉慈鎮，轄有晉、慈等州，治於晉州。興元元年（784 年）四月，李懷光叛亂，佔據河中鎮，次年八月被朝廷平定。

唐末，王重榮割據河中鎮，軍號護國軍，王重榮之兄王重盈又據有陝虢鎮。王重榮去世後，王重盈繼任河中節度使。王重盈去世後，王珂、王珙爭奪河中鎮，導致河中、陝虢二鎮分裂。直至天復元年（901 年），王珂為宣武節度使朱溫所滅，河中鎮被朱溫攻取。

學界對於河中鎮歷史地理的研究較少，僅見崔人傑先生的碩士論文《唐中

後期河中鎮研究——以朔方化和中央化時期為主》對河中鎮的轄區進行過研究〔註29〕。

一、河中鎮的轄區沿革

　　河中鎮的建置沿革為：河中防禦使（756～757）—河中節度使（757～764、779）—河中都防禦觀察使（779～784）—河中節度使（784～799）—河中都防禦觀察使（799～800）—河中節度使（800～819）—河中都防禦觀察使（819～820）—河中節度使（820～885）—護國軍節度使（885～901）。

　　元和年之前，河中鎮的轄區變化比較頻繁，但主要轄有河中府和同、晉、絳、隰、慈五州。其中，晉、慈、隰三州曾經數次分置為晉慈鎮。大和元年（827年），晉慈鎮最終併入河中鎮。此後，河中鎮長期轄有河中府和晉、絳、隰、慈四州。

（一）河中鎮初置時期的轄區沿革

　　河中鎮始置於至德元載（756年），初稱河中防禦守捉蒲關使，次年升為河中節度使。《方鎮表三》記載：至德元載，「置河中防禦守捉蒲關使」；二載（757年），「升河中防禦為河中節度，兼蒲關防禦使，領蒲、晉、絳、隰、慈、虢、同七州，治蒲州。」〔註30〕當時，朝廷在全國各地仍然使用郡制，未改為州。蒲、晉、絳、隰、慈、虢、同七州分別為河東郡、平陽郡、絳郡、大寧郡、文城郡、弘農郡、馮翊郡。因此，河中鎮當時轄有以上諸郡，治於河東郡。

　　乾元元年（758年），河中鎮下轄諸郡才恢復為州。二年（759年），朝廷建置陝虢華節度使，虢州改隸於陝華鎮。《資治通鑒》記載：乾元元年，「又置陝虢華及豫許汝二節度使。」〔註31〕而《方鎮表一》卻記載：乾元二年，「置陝虢華節度，領潼關防禦、團練、鎮守等使，治陝州。」〔註32〕根據本書對陝虢鎮的考證，陝虢華節度使實際建置於乾元二年〔註33〕。

　　乾元三年（760年）三月，蒲州升為河中府。《方鎮表三》記載：乾元二年，「河中節度兼河中尹、耀德軍使」。《舊唐書·肅宗本紀》記載：乾元三年

〔註29〕崔人傑：《唐中後期河中鎮研究——以朔方化和中央化時期為主》，碩士學位論文，陝西師範大學歷史系，2013年。
〔註30〕《新唐書》卷六十六《方鎮表三》，第1225～1252頁。下同，不再引注。
〔註31〕《資治通鑒》卷二百二十《乾元元年》，第7066頁。
〔註32〕《新唐書》卷六十四《方鎮表一》，第1163頁。
〔註33〕詳見第三章第三節《陝虢鎮的轄區沿革》。

三月，「以蒲州為河中府，其州縣官吏所置，同京兆、河南二府。」〔註34〕《新唐書·地理志》也記載：「蒲州……乾元三年復為府……又有耀德軍，乾元二年置。」〔註35〕由兩《唐書》的記載可知，耀德軍的建置確實發生在乾元二年（759年），但蒲州改為河中府卻是發生在乾元三年三月。

上元二年（761年），河中鎮增領沁州，所轄的同州改隸於鎮國軍。同年不久，沁州又改隸於澤潞鎮。《方鎮表三》對此有載。

此後，河中鎮較長時間內都轄有河中府、晉、絳、隰、慈五州。

廣德二年（764年），朝廷廢除河中鎮，河中府、晉、絳、隰、慈五州改隸於朔方鎮。《方鎮表一》記載：本年，「罷河中、振武節度，以所管七州隸朔方。」另外，朝廷以河中鎮原轄有的五州建置河中五州都團練觀察使。《方鎮表三》記載：本年，「廢河中節度，置河中五州都團練觀察使。」對於「河中五州都團練觀察使」的記載，僅見於《方鎮表》。按河中鎮廢除後，轄區併入朔方鎮，河中不應還有藩鎮的建置。

此次朝廷廢除河中鎮，是因為朔方節度使僕固懷恩叛亂。朝廷改任郭子儀為朔方節度使，為增加郭子儀的軍力，同時將河中鎮劃歸其管轄。

（二）李懷光之亂與晉慈鎮的初置

大曆十四年（779年）閏五月，朝廷為了削弱朔方鎮，將其分割為數鎮。至此，朝廷才復置河中鎮。《方鎮表一》記載：本年，「析置河中、振武、邠寧三節度」。《資治通鑒》記載：本年閏五月，「以其裨將河東、朔方都虞候李懷光為河中尹、邠、寧、慶、晉、絳、慈、隰節度使。」〔註36〕《舊唐書》記載：「德宗即位，罷（郭）子儀節度、副元帥，以其所部分隸諸將，遂以（李）懷光起復檢校刑部尚書，兼河中尹、邠州刺史、邠寧慶晉絳慈隰節度支度營田觀察押諸蕃部落等使。」〔註37〕由這三處記載來看，分置河中、振武、邠寧三鎮後，李懷光一度兼任邠寧、河中二鎮節度使。復置之後，河中鎮轄有河中府和晉、絳、隰、慈四州。

同年，河中節度使降為河中都防禦觀察使。《舊唐書》記載：大曆十四年十一月「丁丑，以陝州長史杜亞為河中尹、河中晉絳慈隰都防禦觀察使」；

〔註34〕《舊唐書》卷十《肅宗本紀》，第258頁。
〔註35〕《新唐書》卷三十九《地理志三》，第657頁。
〔註36〕《資治通鑒》卷二百二十五《大曆十四年》，第7259頁。
〔註37〕《舊唐書》卷一百二十一《李懷光傳》，第3491～3492頁。

建中二年正月，「以河南尹趙惠伯為河中尹、河中晉絳慈隰都防禦觀察使」
〔註38〕。

興元元年（784年），李懷光發動叛亂，佔據河中鎮，造成河中鎮的轄區
變革比較頻繁。

據《舊唐書》記載，興元元年三月，「渾瑊步將上官望自間道懷詔書加（李）
晟檢校右僕射，兼河中尹、河中晉絳慈隰節度使。」〔註39〕李晟還沒有就任於
河中，朔方、邠寧節度使李懷光就在同年四月發動叛亂，佔據河中府和絳、晉、
慈、隰四州。《舊唐書》記載：興元元年（784年）「四月，（李）懷光至河中，
遂偷有同、絳等州。」〔註40〕《資治通鑑》也記載：三月，「（李懷光）至河中，
或勸河中守將呂鳴岳焚橋拒之，鳴岳以兵少恐不能支，遂納之，河中尹李齊運
棄城走。」八月，「李懷光遣其妹婿要廷珍守晉州，牙將毛朝敭守隰州，鄭抗
守慈州。」〔註41〕《舊唐書》記載李懷光據有同州，是不準確的。因為《舊唐
書》也記載：「李懷光又叛河中，使其將趙貴先築壘於同州……（裴）向即詣
貴先軍壘，以逆順之理責之，貴先感悟，遂來降，故同州不陷。」〔註42〕由這
些記載來看，李懷光佔據河中時期，只是曾經一度控制了同州。

同年（784年）八月，河東節度使馬燧招降了要廷珍、毛朝敭、鄭抗三人。
於是，朝廷分河中鎮的晉、慈、隰三州另建一鎮，治於晉州，以馬燧兼領奉誠
軍、晉慈隰節度使。馬燧又上表朝廷以三州授予康日知。《舊唐書・馬燧傳》
記載，興元元年七月，「德宗還京，加（馬）燧奉誠軍及晉絳慈隰節度，並管
內諸軍行營副元帥。」〔註43〕對於此事，《舊唐書・德宗本紀》《資治通鑑》皆
記載為興元元年八月。前者記載：本年八月，「河東保寧軍節度使、太原尹、
北都留守、檢校司徒、平章事、北平郡王馬燧為奉誠軍、晉絳慈隰節度、行營
兵馬副元帥。」〔註44〕後者記載：本年八月，「李懷光遣其妹婿要廷珍守晉州，
牙將毛朝敭守隰州，鄭抗守慈州，馬燧皆遣人說下之。上乃加渾瑊河中絳州節
度使，充河中、同華、陝虢行營副元帥，加馬燧奉誠軍、晉慈隰節度使，充管

〔註38〕《舊唐書》卷十二《德宗本紀上》，第323、328頁。

〔註39〕《舊唐書》卷一百三十三《李晟傳》，第3667頁。

〔註40〕《舊唐書》卷一百二十一《李懷光傳》，第3494頁。

〔註41〕《資治通鑑》卷二百三十《興元元年》、卷二百三十一《興元元年》，第7417、
　　　　7443頁。

〔註42〕《舊唐書》卷一百一十三《裴遵慶傳・附裴向傳》，第3356頁。

〔註43〕《舊唐書》卷一百三十四《馬燧傳》，第3696頁。

〔註44〕《舊唐書》卷十二《德宗本紀上》，第345頁。

內諸軍行營副元帥。」〔註45〕

對於晉慈隰節度使的轄區，《舊唐書》的記載應當有誤。據《唐大詔令集》記載：「北平郡王馬燧……可兼充奉誠軍及晉慈隰等州節度。」〔註46〕《康志達墓誌銘》也記載：「建中三年……（康日知）拜晉慈隰等州節度使。」〔註47〕因此，《舊唐書》中晉慈隰節度使轄有晉、絳、慈、隰四州的記載是錯誤的，應以《資治通鑒》《唐大詔令集》《康志達墓誌銘》為是，實際只轄有晉、慈、隰三州。

《方鎮表一》記載：興元元年，「以同州為奉誠軍節度，領同、晉、慈、隰四州，是年罷。」〔註48〕這個記載也是錯誤的，同州的奉誠軍節度使和晉慈隰節度使實際為兩個藩鎮。首先，兩者建置的時間不一致，奉誠軍節度使建置於興元元年（784年）正月。當時，晉、慈、隰三州仍為河中鎮的轄區。其次，同年四月，奉誠軍節度使被廢除，同州改隸於河中節度使，直到八月復置奉誠軍節度使。再次，只有馬燧曾經同時兼領兩鎮，康日知在興元元年正月出任奉誠軍節度使，同年四月改任晉慈隰節度使，八月正式就任晉慈隰節度使。再次，奉誠軍節度使在同年八月即被廢除，而晉慈隰節度使當時仍然存在。因此，奉誠軍節度使和晉慈隰節度使實際上是兩個藩鎮。

值得注意的是，李懷光叛亂期間，朝廷先後以唐朝臣、渾瑊為河中節度使。其中，興元元年四月至八月，唐朝臣任節度使期間，河中鎮還轄有同州。對此，《舊唐書》記載：本年四月「己巳，以陝虢防遏使唐朝臣為河中尹、河中同晉絳節度使……（八月，）河東保寧軍節度使、太原尹、北都留守、檢校司徒、平章事、北平郡王馬燧為奉誠軍、晉絳慈隰節度、行營兵馬副元帥……以同絳節度使唐朝臣為鄜坊丹延等州節度使。」〔註49〕同年八月，奉誠軍節度使廢除後，同州仍隸於河中鎮。

同年（784年）十月，「馬燧拔絳州，分兵取聞喜、萬泉、虞鄉、永樂、猗氏。」〔註50〕其後，李懷光接連戰敗。馬燧等人率軍進逼河中，李懷光的部將

〔註45〕《資治通鑒》卷二百三十一《興元元年》，第7443～7444頁。

〔註46〕（宋）宋敏求編：《唐大詔令集》卷五十九《馬燧渾瑊副元帥同討河中制》，第319頁。

〔註47〕周紹良、趙超主編：《唐代墓誌彙編續集》長慶〇〇二《大唐故康府君（志達）墓誌銘》，第859頁。

〔註48〕《新唐書》卷六十四《方鎮表一》，第1169頁。

〔註49〕《舊唐書》卷十二《德宗本紀上》，第342、345頁。

〔註50〕《資治通鑒》卷二百三十一《興元元年》，第7445頁。

相繼投降馬燧。直至貞元元年（785年）八月，李懷光自殺，朝廷最終平定了河中鎮。

貞元元年（785年），李懷光之亂被平定之後，康日知去世，朝廷廢除了晉慈隰節度使。《新唐書·康日知傳》記載：「貞元初卒，贈太子太師。」[註51]至此，河中鎮復領晉、慈、隰三州，轄有河中府、同、絳、晉、慈、隰六州。

《方鎮表三》記載：興元元年（784年），「復置河中節度使，領河中府、同、絳、虢、陝四州」；貞元元年（785年），「河中節度罷領陝、虢二州。」《資治通鑒》記載：興元元年八月，「上乃加渾瑊河中、絳州節度使，充河中、同華、陝虢行營副元帥。」[註52]《舊唐書》也記載：「以靈鹽節度使、侍中、兼靈州大都督、樓煩郡王渾瑊為河中尹、晉絳節度使、河中、同、陝虢等州及管內行營兵馬副元帥，改封咸寧郡王。」[註53]《方鎮表三》的記載當是出於對此事的誤解，河中節度使渾瑊只是任河中、同華、陝虢行營副元帥，並沒有轄有陝、虢二州。當時陝虢節度使為張勸，陝虢鎮並未被廢除。

（三）河中、晉慈二鎮的分合

貞元四年（788年）七月，晉、慈、隰三州再次建置為晉慈隰防禦觀察使。《舊唐書》記載：本年七月「丁丑，以兵部尚書崔漢衡為晉州刺史、晉慈隰觀察使。」[註54]因而，河中鎮又罷領這三州，至此轄有河中府、同、絳三州。

貞元十四年（798年）九月，河中鎮下轄的同州另置同州防禦使，脫離河中鎮。《方鎮表三》並未記載河中鎮何時罷領同州，也沒有記載同州防禦使的建置情況。根據其他相關記載，可以進行論證。《舊唐書》記載，貞元十四年九月，「以太常卿杜確為同州刺史、本州防禦、長春宮使。」元和七年（812年）十二月，「以京兆尹裴向為同州防禦使。」[註55]《唐故歸州刺史盧公璠墓誌銘並序》記載：貞元二十年（804年），「裴公（佶）遷同州刺史，兼本州防禦使。」[註56]查閱《唐刺史考全編》的論述可知，貞元十四年（798年）之前

〔註51〕《新唐書》卷一百四十八《康日知傳》，第3738頁。
〔註52〕《資治通鑒》卷二百三十一《興元元年》，第7444頁。
〔註53〕《舊唐書》卷十二《德宗本紀上》，第345頁。
〔註54〕《舊唐書》卷十三《德宗本紀下》，第365頁。
〔註55〕《舊唐書》卷十三《德宗本紀下》、卷十五《憲宗本紀下》，第388、444頁。
〔註56〕周紹良主編：《唐代墓誌彙編》元和一三一《唐故歸州刺史盧公（璠）墓誌銘並序》，上海：上海古籍出版社，1992年，第2042頁。

的同州刺史均不帶同州防禦使的職務〔註57〕。而且在貞元十四年之後，涉及河中觀察使、節度使的記載，都不再提及同州。如《舊唐書》記載，貞元十五年（799年）十二月，「以同州刺史杜確為河中尹、河中絳州觀察使」；貞元十八年（802年）三月，「以河中行軍司馬鄭元為河中尹、兼御史大夫、河中絳節度使」；元和二年（807年）正月，「以……杜黃裳……兼河中尹、河中晉絳等州節度使。」〔註58〕綜上所述，同州防禦使建置於貞元十四年（798年）九月。此後，河中鎮不再轄有同州，同州成為中央直屬州。

貞元十五年（799年），因為河中鎮僅轄有河中府和絳州，朝廷於是降河中節度使為河中防禦觀察使。但是，次年（800年），又升河中防禦觀察使為河中節度使。

元和二年（807年），朝廷廢除晉慈隰觀察使，再次以晉、慈、隰三州隸屬於河中鎮。對於此事，《方鎮表三》記載為元和三年。而《舊唐書》記載：元和二年正月「乙巳，以門下侍郎、同平章事、南陽郡開國公杜黃裳檢校司空、同平章事，兼河中尹、河中晉絳等州節度使。」〔註59〕由此記載看來，元和二年之時，河中鎮的轄區中已包含晉州，可知晉慈鎮已經被廢除。賴青壽先生的《唐後期方鎮建置沿革研究》也考證，晉慈隰觀察使廢於元和二年〔註60〕。至此，河中鎮又轄有河中府、絳、晉、慈、隰五州。

元和十四年（819年），河中節度使降為都防禦觀察使，次年（820年）又升為節度使〔註61〕。

長慶二年（822年）九月，朝廷分河中鎮的晉、慈二州建置晉慈都團練觀察使。《方鎮表三》記載：本年，「置晉慈都團練觀察使，治晉州。」《舊唐書》也記載：本年九月，「加晉州刺史李寰為晉、慈等州都團練觀察使。」〔註62〕次年五月，晉慈觀察使升為保義軍節度使。《資治通鑒》記載：長慶三年（823年）五月「丙子，以晉、慈二州為保義軍，以觀察使李寰為節度使。」〔註63〕《方鎮

〔註57〕郁賢皓：《唐刺史考全編》卷四《同州（馮翊郡）》，第128～130頁。
〔註58〕《舊唐書》卷十三《德宗本紀下》、卷十四《憲宗本紀上》，第392、396、420頁。
〔註59〕《舊唐書》卷十四《憲宗本紀上》，第420頁。
〔註60〕賴青壽：《唐後期方鎮建置沿革研究》第五章第一節《河中節度使沿革》，第96頁。
〔註61〕以上幾段未注出處的內容均可見於《新唐書‧方鎮表三》。
〔註62〕《舊唐書》卷十六《穆宗本紀》，第499頁。
〔註63〕《資治通鑒》卷二百四十三《長慶三年》，第7827頁。

表三》將晉慈觀察使升為保義軍節度使的時間置於大和元年，實際有誤。

大和元年（827年）十一月，保義軍節度使廢除，晉、慈二州復隸於河中鎮。對此，《方鎮表三》記載：本年，「升晉慈觀察使為保義軍節度。是年罷，以二州隸河中節度。」《舊唐書》也記載：本年十一月「庚辰，以保義軍節度、晉慈等察處置等使李寰為橫海軍節度使。癸巳，以晉州、慈州復隸河中。」〔註64〕

此後，河中鎮長期轄有河中府和絳、隰、晉、慈四州。

（四）唐末王氏割據時期河中鎮的轄區沿革

唐末，王重榮家族曾經割據於河中鎮，最終為宣武節度使朱溫所滅。

廣明元年（880年），王重榮開始割據於河中鎮，仍然轄有河中府和絳、隰、晉、慈四州。《資治通鑒》記載：本年十一月「辛酉，以王重榮權知河中留後。」〔註65〕

在此之前，王重榮之兄王重盈已經被朝廷任命為陝虢觀察使。《新唐書》記載：「（王）重盈前此已歷汾州刺史，黃巢度淮，擢陝虢觀察使，（王）重榮據河中，三遷檢校尚書右僕射，即拜節度使。」〔註66〕根據記載判斷，可知王重盈任陝虢觀察使發生於廣明元年。

因此，王重盈、王重榮兄弟據有河中、陝虢二鎮。但河中鎮的實力強於陝虢鎮，因而陝虢鎮實際上成為河中鎮的附屬藩鎮。

光啟元年（885年），朝廷賜河中鎮軍號護國軍，《方鎮表三》有載。

光啟三年（887年）六月，王重榮為部將常行儒所殺。其兄長陝虢節度使王重盈殺常行儒，繼任河中節度使，以自己的兒子王珙為陝虢留後〔註67〕。

文德元年（888年）二月，河陽節度使李罕之攻取河中鎮的絳州，又進攻晉州。王重盈聯合河南尹張全義對付李罕之。於是，張全義趁夜率軍進攻河陽。李罕之大敗，棄河陽逃往澤州，向李克用求救〔註68〕。因此，王重盈而奪回絳州。其後，李克用出兵援助李罕之。王重盈、張全義等人於是向朱溫求救，此後王重盈開始與朱溫交結。

龍紀元年（889年）四月，朝廷賜陝虢鎮軍號保義軍，《方鎮表一》對此

〔註64〕《舊唐書》卷十七上《文宗本紀上》，第527頁。

〔註65〕《資治通鑒》卷二百五十四《廣明元年》，第8235頁。

〔註66〕《新唐書》卷一百八十七《王重榮傳》，第4190頁。

〔註67〕《資治通鑒》卷二百五十七《光啟三年》第8358頁記載：「制以陝虢節度使王重盈為護國節度使，又以重盈子琪權知陝虢留後」。

〔註68〕上述記載見《資治通鑒》卷二百五十七《文德元年》，第8375頁。

有載。

大順元年（890年）五月，朝廷宰相張濬主張對李克用用兵，於是結合各路兵馬討伐李克用，王重盈也參與了討伐。六月，張濬在河中鎮的晉州會合宣武、鎮國、靜難、鳳翔、保大、定難等各路軍隊。兩軍交戰之後，張濬方面接連失利。同年十一月，李克用的部將李存孝攻取晉、絳二州，並大掠慈、隰二州〔註69〕。張濬統領的各路軍馬也紛紛潰散，朝廷對李克用的討伐以失敗而告終。王重盈於是又歸附於李克用，李克用將晉、絳二州歸還給王重盈。

乾寧二年（895年）正月，王重盈去世，王珂繼任河中節度使。王重盈的兒子王珙、王瑤不服，從而造成河中鎮割據政權的分裂。其中，王珂佔據河中鎮，王珙佔據陝虢鎮，王瑤據有絳州，也支持王珙。王珙在朱溫等人的援助下，進攻河中。王珂在李克用的援助下，屢敗王珙。同年六月，李克用大軍攻克絳州，斬殺刺史王瑤，為王珂奪得絳州〔註70〕。

光化二年（899年）六月，王珙被部將李璠殺死。同年十一月，李璠的部將朱簡又殺李璠，自稱留後，歸附於朱溫，陝虢鎮最終被朱溫攻取。

天復元年（901年）正月，朱溫派部將張存敬進攻河中鎮。絳州刺史陶建釗、晉州刺史張漢瑜先後歸降於張存敬。於是，朱溫派部將侯言、何絪駐於晉州、絳州，阻絕河東鎮援兵。同年二月，張存敬圍攻河中府。王珂無奈，向張存敬投降〔註71〕。至此，王氏家族在河中鎮的割據宣告結束，河中鎮也最終被朱溫攻取。

綜上所述，河中鎮的轄區沿革可總結如表6-2所示。

表6-2 河中鎮轄區統計表

時　　期	轄區總計	會　府	詳細轄區
756年～758年	7郡	河東郡	河東、平陽、絳、大寧、文城、弘農、馮翊
758年～759年	6州	蒲州	蒲、晉、絳、隰、慈、虢、同
759年～760年	6州	蒲州	蒲、晉、絳、隰、慈、同
760年～761年	1府5州	河中府	河中府、晉、絳、隰、慈、同
761年～764年 779年～784年	1府4州	河中府	河中府、晉、絳、隰、慈

〔註69〕《資治通鑑》卷二百五十八《大順元年》第8407頁記載：「（李）存孝取晉、絳二州，大掠慈、隰之境。」
〔註70〕此段記載見《資治通鑑》卷二百六十《乾寧二年》，第8463～8471頁。
〔註71〕上述記載見《資治通鑑》卷二百六十二《天復元年》，第8547～8549頁。

784 年～785 年	1 府 2 州	河中府	河中府、同、絳
785 年～788 年	1 府 5 州	河中府	河中府、同、絳、晉、慈、隰
788 年～798 年	1 府 2 州	河中府	河中府、同、絳
798 年～807 年	1 府 1 州	河中府	河中府、絳
807 年～822 年	1 府 4 州	河中府	河中府、絳、晉、慈、隰
822 年～827 年	1 府 2 州	河中府	河中府、絳、隰
827 年～901 年	1 府 4 州	河中府	河中府、絳、隰、晉、慈

二、晉慈鎮的沿革

晉慈鎮的建置沿革為：晉慈隰節度使（784～785）—晉慈隰都防禦觀察使（788～807）—晉慈都團練觀察使（822～823）—保義軍節度使（823～827）。

晉慈鎮是從河中鎮分置而立的一個藩鎮，曾經三立三廢，前後存在了二十六年。在河中鎮轄區沿革的考述中已經涉及晉慈鎮，在此不再累述，僅引出結論。

興元元年（784 年）七月，朝廷分河中鎮下轄的晉、慈、隰三州建置晉慈隰節度使，治於晉州。直至貞元元年（785 年）八月，晉慈隰節度使廢除，三州復隸於河中鎮。

貞元四年（788 年）七月，朝廷復以河中鎮的晉、慈、隰三州建置晉慈隰都防禦觀察使，仍治於晉州。直至元和二年（807 年），晉慈隰觀察使又廢，三州復隸於河中鎮。

長慶二年（822 年）九月，朝廷分河中鎮的晉、慈二州建置晉慈都團練觀察使，仍治於晉州，長慶三年（823 年）五月升為保義軍節度使。大和元年（827年）十一月，朝廷又廢除保義軍節度使，晉、慈二州復隸於河中鎮〔註72〕。

此後，朝廷不再復置晉慈鎮。

三、河中鎮下轄州縣沿革

終唐一代，河中鎮長時間轄有河中府和晉、絳、隰、慈四州，還曾經短期內轄有同州。另外，朝廷曾經三度分河中鎮的晉、慈等州建置晉慈鎮，但延續時間並不長，最終被廢除，轄區仍然併入河中鎮。

〔註72〕上述內容的資料來源及詳細考述，見本節前文《河中鎮的轄區沿革》。

（一）河中鎮長期轄有的州

河中府：756年～764年、779年～901年屬河中鎮，為會府。河中府原為蒲州，天寶元年（742年）改為河東郡。至德元載（756年），以河東郡建置河中防禦使，二載（757年）升為河中節度使。乾元元年（758年），河東郡復為蒲州，三年（760年）又升為河中府，廣德二年（764年）併入朔方鎮，為治所。大曆四年（769年），朔方鎮徙鎮於邠州。直至大曆十四年（779年），河中府復置為河中節度使。

轄有河東、河西、安邑、臨晉、猗氏、虞鄉、寶鼎、解、永樂九縣，治於河東縣。

河西縣：乾元三年（760年），同州朝邑縣改為河西縣，改隸於河中府。大曆五年（770年），原河西縣復還同州，析朝邑、河東二縣別置河西縣〔註73〕。

安邑縣：至德二載（757年）改為虞邑縣，乾元元年（758年）改隸於陝州，大曆四年（769年）復為安邑縣，元和三年（808年）復隸於河中府〔註74〕。

絳州：756年～764年、779年～901年屬河中鎮。天寶元年（742年），絳州改為絳郡，至德元載（756年）始隸於河中鎮。乾元元年（758年），絳郡復為絳州，廣德二年（764年）改隸於朔方鎮，大曆十四年（779年）復隸於河中鎮。

轄有正平、太平、萬泉、曲沃、龍門、翼城、聞喜、絳、垣、稷山十縣，治於正平縣。

垣縣：貞元三年（787年）改隸於陝州，元和三年（808年）復隸於絳州〔註75〕。

稷山縣：唐末，光化初，改隸於河中府〔註76〕。

晉州：756年～764年、779年～784年、785年～788年、807年～822年、827年～901年屬河中鎮。天寶元年（742年），晉州改為平陽郡，至德元載（756年）始隸於河中鎮。乾元元年（758年），平陽郡復為晉州，廣德二年（764年）改隸於朔方鎮，大曆十四年（779年）復隸於河中鎮。興元元年（784年），晉州建置為晉慈隰節度使，次年（785年）廢，晉州復隸於河中鎮。貞元

〔註73〕《新唐書》卷三十九《地理志三》，第657頁。
〔註74〕《新唐書》卷三十九《地理志三》，第658頁。
〔註75〕《新唐書》卷三十九《地理志三》，第659頁。
〔註76〕郭聲波：《中國行政區劃通史·唐代卷》上編第三章《河東道》，第152頁。

四年（788年），晉州復置晉慈隰觀察使，至元和二年（807年）又廢，復隸於河中鎮。長慶二年（822年），晉州又置晉慈觀察使，次年升為保義軍節度使。大和元年（827年），保義軍節度使廢，晉州復隸於河中鎮。

轄有臨汾、神山、岳陽、洪洞、霍邑、趙城、汾西、冀氏、襄陵九縣，治於臨汾縣。

襄陵縣：元和十四年（819年）改隸於絳州，大和元年（827年）改隸於河中府〔註77〕。

慈州：756年～764年、779年～788年、807年～822年、827年～901年屬河中鎮。天寶元年（742年），慈州改為文城郡，至德元載（756年）始隸於河中鎮。乾元元年（758年），文城郡復為慈州，廣德二年（764年）改隸於朔方鎮，大曆十四年（779年）復隸於河中鎮。興元元年（784年），慈州改隸於晉慈鎮，次年（785年）復隸於河中鎮，貞元四年（788年）改隸於晉慈鎮，元和二年（807年）復隸於河中鎮。長慶二年（822年），慈州又隸於晉慈鎮，大和元年（827年）復隸於河中鎮。

轄有吉昌、文城、昌寧、仵城、呂香五縣，治於吉昌縣。

隰州：756年～764年、779年～788年、807年～901年屬河中鎮。天寶元年（742年），隰州改為大寧郡，至德元載（756年）始隸於河中鎮。乾元元年（758年），大寧郡復為隰州，廣德二年（764年）改隸於朔方鎮，大曆十四年（779年）復隸於河中鎮。興元元年（784年），隰州改隸於晉慈鎮，次年（785年）復隸於河中鎮，貞元四年（788年）又改隸於晉慈鎮，元和二年（807年）又隸於河中鎮。

轄有隰川、蒲、大寧、溫泉、永和、石樓六縣，治於隰川縣。

（二）河中鎮短期轄有的州

同州：756年～761年、784年～798年隸河中鎮。天寶元年（742年），同州改為馮翊郡，至德元載（756年）始隸於河中鎮。乾元元年（758年），馮翊郡復為同州，上元二年（761年）改隸於同華鎮。興元元年（784年），同州復隸於河中鎮〔註78〕。貞元十四年（798年），同州成為中央直屬州，置同州防禦使。

〔註77〕《新唐書》卷三十九《地理志三》，第658頁。
〔註78〕上元二年（761年）至興元元年（784年）期間同州的沿革，詳見第一章第三節。

轄有馮翊、夏陽、朝邑、韓城、白水、澄城、頜陽等縣，治於馮翊縣。

夏陽縣：原為河西縣，乾元三年（760 年）改為夏陽縣，改隸於河中府，後復來屬〔註79〕。

朝邑縣：乾元三年（760 年）改為河西縣，改隸於河中府，大曆五年（770 年）復為朝邑縣，還隸同州〔註80〕。

圖 6-3　河中鎮轄區圖（808 年）

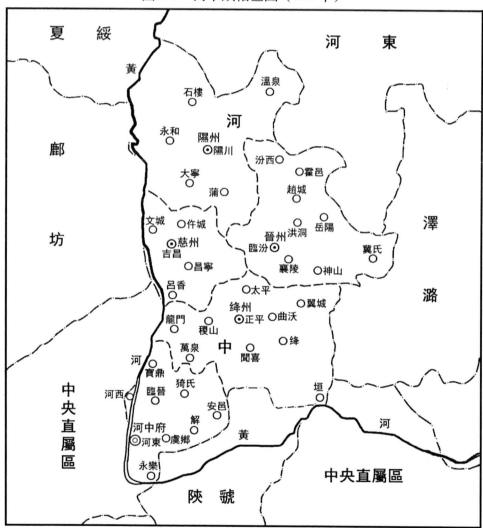

〔註79〕郭聲波：《中國行政區劃通史・唐代卷》上編第一章《京畿》，第 49 頁。
〔註80〕郭聲波：《中國行政區劃通史・唐代卷》上編第一章《京畿》，第 48 頁。

第三節　河東鎮

　　河東鎮，是一個建置較早的藩鎮，會昌（841～846 年）之前主要轄有太原府和儀、石、嵐、汾、代、忻、朔、蔚、雲、沁十州，治於太原府。會昌三年（843 年），分河東鎮建置大同鎮。唐末，河東、大同二鎮進一步演變為河東、大同、代北三鎮。沙陀人李克用割據於河東鎮，後被朝廷封為晉王，建立「晉」政權。李克用去世後，其子李存勗繼任晉王，並以河東鎮為根據地，建立五代第二個王朝——後唐。

　　學界對河東鎮的歷史地理研究相對較少。耿強先生的碩士論文《唐肅宗至唐憲宗時期河東節度使及轄區研究》〔註81〕和任豔豔女士的博士論文《唐代河東道政區「調整」之研究》〔註82〕和學術論文《建中末河東道政區調整與德宗藩鎮政策》〔註83〕對河東鎮都進行過研究。

一、河東鎮的轄區沿革

　　河東鎮的記載沿革為：天兵軍節度使（720～723）—太原府以北諸軍州節度使（723～730）—河東節度使（730～784）—保寧軍節度使（784～787）—河東節度使（787～883）。

　　河東鎮早期主要轄有太原府和儀、石、嵐、汾、代、忻、朔、蔚、雲九州，治於太原府。安史之亂期間，雲州被叛軍佔據，也稱河東節度使，後歸順於朝廷。叛亂平定之後，河東鎮增領沁州。會昌年間，朝廷分河東鎮建置大同鎮，因而河東鎮僅轄有太原府和儀、石、嵐、汾、代、忻、沁七州。唐末，朝廷又建置代北鎮，河東鎮罷領代、忻二州。

（一）河東節度使建置早期的轄區沿革

　　河東鎮建置於開元八年（720 年），最初稱為天兵軍節度使，開元十一年（723 年）改為太原府以北節度使，開元十八年（730 年）正式改為河東節度使。

　　河東鎮建置之前，并州曾經存在有「節度使」。景雲二年（711 年），朝廷以并州大都督府長史薛訥兼領和戎、大武等諸軍州節度使。《方鎮表二》記載：

〔註81〕耿強：《唐肅宗至唐憲宗時期河東節度使及轄區研究》，碩士學位論文，陝西師範大學歷史系，2012 年。

〔註82〕任豔豔：《唐代河東道政區「調整」之研究》，博士學位論文，武漢大學歷史系，2013 年。

〔註83〕任豔豔：《建中末河東道政區調整與德宗藩鎮政策》，《江漢論壇》2011 年第 05 期，第 101～105 頁。

景雲二年,「北都長史領持節和戎、大武等諸軍州節度使。」〔註84〕《舊唐書》也記載:「并州大都督府長史兼檢校左衛大將軍、和戎大武等諸軍州節度大使、同紫微黃門三品薛訥」〔註85〕。并州大都督府長史兼領和戎、大武等諸軍州節度使,只是兼領地方軍政,并州實際並沒有建置為節度使,故而這不能作為并州建置藩鎮的開始。

開元五年(717年),朝廷在并州建置天兵軍,并州大都督府長史因而兼領天兵軍大使。《資治通鑒》記載:本年七月,「并州長史張嘉貞上言,『突厥九姓新降者,散居太原以北,請宿重兵以鎮之。』辛酉,置天兵軍於并州,集兵八萬,以嘉貞為天兵軍大使。」〔註86〕

開元八年(720年),朝廷改天兵軍大使為天兵軍節度使。《資治通鑒》記載:本年「秋,并州長史、天兵節度大使張說引二十騎,持節即其部落慰撫之,因宿其帳下。」〔註87〕《新唐書》記載:開元九年九月,「天兵軍節度大使張說為兵部尚書、同中書門下三品。」〔註88〕由此二處記載可知,開元八年之時天兵軍大使已經改置為天兵軍節度使。循本書體例,將安史之亂前建置的節度使視為藩鎮,故而將「天兵軍節度使」的建置時間作為河東鎮建置時間。

此時,天兵軍節度使的轄區沒有明確記載。天兵軍節度使建置的職能,主要以加強邊防,慰撫突厥降戶、防範其叛亂為主〔註89〕。

開元十一年(723年)正月,朝廷改并州為太原府,作為北都。同年,朝廷改天兵軍節度使為太原府以北節度使,簡稱太原節度使。《全唐文》記載:「(開元)十一年(韋湊)轉汾州刺史,其年又遷太原尹,仍充太原以北節度大使、北都留守、河東道支度營田大使,並檢校北都軍器監。」〔註90〕《方鎮表二》也記載:本年,「更天兵軍節度為太原府以北諸軍州節度、河東道支度營田使兼北都留守,領太原及遼、石、嵐、汾、代、忻、朔、蔚、雲九州,治太原」。當時遼州應該稱為儀州,據《新唐書》記載:「遼州……先天元年(712

〔註84〕《新唐書》卷六十五《方鎮表二》,第1191～1223頁。下同,不再引注。

〔註85〕《舊唐書》卷九十三《薛訥傳》,第2984頁。

〔註86〕《資治通鑒》卷二百一十一《開元五年》,第6728頁。

〔註87〕《資治通鑒》卷二百一十二《開元八年》,第6741頁。

〔註88〕《新唐書》卷五《玄宗本紀》,第81頁。

〔註89〕任豔豔:《唐代河東道政區「調整」之研究》,博士學位論文,武漢大學歷史系,2013年,第52頁。

〔註90〕(清)董誥等編:《全唐文》卷九百九十三《唐太原節度使韋湊神道碑》,第10288頁。

年）避玄宗名曰儀州，中和三年（883年）復曰遼州」〔註91〕。由這些記載可知，太原節度使此時轄有太原府和儀、石、嵐、汾、代、忻、朔、蔚、雲九州。

開元十七年（729年），儀、石二州改隸於潞州都督府，《方鎮表二》對此有載。

開元十八年（730年），朝廷改太原府以北諸軍州節度使為河東節度使。此後，河東鎮復領儀、石二州。《方鎮表二》記載：開元十八年，「更太原府以北諸軍州節度為河東節度。自後節度使領大同軍使，副使以代州刺史領之，復領儀、石二州」。

天寶元年（742年），朝廷改州為郡，河東鎮下轄的儀州改為樂平郡，石州改昌化郡，嵐州改樓煩郡，汾州改西河郡，代州改雁門郡，忻州改定襄郡，朔州改馬邑郡，蔚州改安邊郡，雲州改雲中郡。

（二）河東鎮徙治雲州

根據史料記載來看，河東鎮曾經長期治於雲州（後曾改為雲中郡）。對此，《方鎮表二》並沒有記載。但其他史籍中的記載較多，比如《資治通鑒》記載：天寶四載（745年）二月，「以朔方節度使王忠嗣兼河東節度使……既兼兩道節制，自朔方至去雲中，邊陲數千里，要害之地，悉列置城堡。」〔註92〕這裡記載，朔方節度使王忠嗣兼領河東節度使之時，提及「朔方至去雲中」，間接說明河東節度使治於雲中郡。另外，《舊唐書》記載：天寶十載（751年）二月，「安祿山兼雲中太守、河東節度使。」同書又記載：天寶十五載（756年）春正月，「以李光弼為雲中太守、河東節度使。」〔註93〕《新唐書》記載：「（安）祿山反，詔（程千里）募兵河東，即拜節度副使、雲中太守。」〔註94〕《全唐文》中有《代郭子儀謝兼河東節度使表》記載：「授臣使持節都督雲州諸軍事兼雲州太守，充河東節度、度支、營田大使，大同軍使，管內採訪使。」〔註95〕由這些記載來看，安祿山、李光弼、郭子儀等人出任河東節度使時，都兼任雲州太守，可知河東節度使治於雲中郡（雲州）。

河東鎮徙治於雲州大約發生在開元二十八年（740年）前不久。《資治通

〔註91〕《新唐書》卷三十九《地理志三》，第661頁。
〔註92〕《資治通鑒》卷二百一十五《天寶四載》，第6863頁。
〔註93〕以上兩處《舊唐書》的記載見該書卷九《玄宗本紀下》，第225、231頁。
〔註94〕《新唐書》卷一百九十三《程千里傳》，第4267頁。
〔註95〕（清）董誥等編：《全唐文》卷四百五十二《代郭子儀謝兼河東節度使表》，第4620頁。

鑑》記載：天寶元年（742 年），「河東節度與朔方犄角以御突厥，統天兵、大同、橫野、岢嵐四軍，雲中守捉，屯太原府、忻、代、嵐三州之境，治太原府。」〔註 96〕由此記載來看，河東鎮在天寶元年仍治於太原府，其實有誤。《舊唐書・王忠嗣傳》記載：「（忠嗣）以功最，詔拜左金吾衛將軍同正員，尋又兼左羽林軍上將軍、河東節度副使，兼大同軍使。（開元）二十八年，以本官兼代州都督，攝御史大夫，兼充河東節度，又加雲麾將軍。二十九年，代韋光乘為朔方節度使，仍加權知河東節度事。其月，以田仁琬充河東節度使，忠嗣依舊朔方節度。」〔註 97〕王忠嗣開元二十八年（740 年）前為河東節度副使、兼大同軍使。大同軍使一般由雲州刺史兼任，可知王忠嗣治於雲州。開元二十八年，王忠嗣為河東節度使，極有可能仍治於雲州。

根據前文所引的記載，再參考《唐刺史考全編》的考述，可知其後的王忠嗣（天寶四載至五載）、安祿山（天寶十載）、程千里（天寶十四載）、李光弼（天寶十五載）、郭子儀（約天寶十五載）、高秀巖（至德二載）等人任河東節度使〔註 98〕（或稱為河東節度副大使知節度事）之時都治於雲州（雲中郡）。

（三）安祿山集團之河東鎮的沿革

安祿山叛亂期間，河東鎮分裂為兩個藩鎮，分別在朝廷和安祿山集團的控制之下。

天寶十載（751 年）二月，范陽、平盧節度使安祿山兼任河東節度使。至此，安祿山已經兼領范陽、平盧、河東三鎮節度使。

天寶十四載（755 年）十一月，安祿山以三鎮叛亂，以部將高秀巖鎮守雲中郡，後又任其為河東節度使。《資治通鑑》記載：天寶十四載十一月，「（安）祿山發所部兵及同羅、奚、契丹、室韋凡十五萬眾，號二十萬，反於范陽。命范陽節度副使賈循守范陽，平盧節度副使呂知誨守平盧，別將高秀巖守大同。」〔註 99〕這裡的「大同」即為雲中郡。《舊唐書》記載：至德二載（757 年）十二月，「賊將偽范陽節度使史思明以其兵眾八萬之籍，與偽河東節度使高秀巖並表送降。」〔註 100〕《冊府元龜》又記載：「唐肅宗至德二年十二月……賊所

〔註 96〕《資治通鑑》卷二百一十五《天寶元年》，第 6849 頁。
〔註 97〕《舊唐書》卷一百三《王忠嗣傳》，第 3198 頁。
〔註 98〕郁賢皓：《唐刺史考全編》卷九七《雲州（雲中郡）》，第 1357～1358 頁。
〔註 99〕《資治通鑑》卷二百一十七《天寶十四載》，第 6934 頁。
〔註 100〕《舊唐書》卷十《肅宗本紀》，第 250 頁。

侵河東、河西諸郡皆歸順，賊將盡投河北。唯能元皓在北海，高秀巖在大同，並相次送款。」〔註101〕由此亦可知，安祿山叛亂後所任命的河東節度使也是治於雲中郡。

安祿山叛亂之後，河東鎮的雲中、安邊、雁門、馬邑四郡在安祿山集團的控制下。

朝廷派郭子儀率軍抵禦叛軍，同年（755年）十二月，郭子儀收復馬邑郡、雁門郡。《舊唐書》記載：「（天寶）十四載，安祿山反。十一月……祿山遣大同軍使高秀巖寇河曲，子儀擊敗之，進收雲中、馬邑，開東陘。」〔註102〕《資治通鑒》記載：天寶十四載十二月，「安祿山大同軍使高秀巖寇振武軍，朔方節度使郭子儀擊敗之，子儀乘勝拔靜邊軍。大同兵馬使薛忠義寇靜邊軍，子儀使左兵馬使李光弼、右兵馬使高濬、左武鋒使僕固懷恩、右武鋒使渾釋之等逆擊，大破之，坑其騎七千。進圍雲中，使別將公孫瓊巖將二千騎擊馬邑，拔之，開東陘關。」〔註103〕按東陘關位於雁門郡，郭子儀「開東陘關」，必定已經收復雁門郡。

至德二載（757年）十一月，河東道各郡被朝廷收復，唯有高秀巖仍據守雲中郡。《資治通鑒》記載：本年十一月，「張鎬帥魯炅、來瑱、吳王（李）祗、李嗣業、李奐五節度徇河南、河東郡縣，皆下之；惟能元皓據北海，高秀巖據大同，未下。」〔註104〕此時，安邊郡也應被朝廷收復。同年十二月，高秀巖也以雲中郡歸降於朝廷。對此，上文所引《舊唐書》有載。

高秀巖歸降朝廷後，也被朝廷任命為河東節度使、雲中太守。至此，朝廷、安祿山集團各置的二個河東鎮又合併。

（四）安史之亂對河東鎮轄區的影響

安史之亂期間，朝廷方面也保持了河東節度使的建置。安祿山叛亂後不久，朝廷即任命王承業為河東節度使、太原尹。《舊唐書》記載：「天寶末，安祿山反……以太原尹王承業為河東節度。」〔註105〕天寶十五載（756年）春正月，朝廷改任李光弼為雲中太守、河東節度使，其後又任命郭子儀為河東節度

〔註101〕《冊府元龜（校訂本）》卷一百二十六《帝王部・納降》，第1378～1379頁。
〔註102〕《舊唐書》卷一百二十《郭子儀傳》，第3449頁。
〔註103〕《資治通鑒》卷二百一十七《天寶十四載》，第6944頁。
〔註104〕《資治通鑒》卷二百二十《至德二載》，第7044頁。
〔註105〕《舊唐書》卷一百四十五《劉全諒傳》，第3938頁。

使、雲中太守。由此來看，朝廷仍然保持著河東節度使的建置。除去安祿山集團佔據的雲中、安邊、雁門、馬邑四郡，朝廷所置河東鎮還轄有太原府和樂平、昌化、樓煩、西河、定襄五郡。

至德二載（757年），朝廷改安邊郡為興唐郡。《舊唐書》記載：「蔚州……天寶元年，改為安邊郡。至德二年九月，改為興唐郡。乾元元年，置蔚州。」〔註106〕

由上文考述可知，天寶十四載（755年）十二月，朝廷收復馬邑、雁門二郡。至德二載（757年）十二月，高秀巖歸降朝廷後，被任命為河東節度使、雲中太守。至此，河東鎮仍然轄有太原府和樂平、昌化、樓煩、西河、雁門、定襄、馬邑、興唐、雲中九郡。

乾元元年（758年），朝廷改郡為州，河東鎮下轄諸郡也恢復為州。

同年，河東鎮還治於太原府。《舊唐書》記載：至德二載（757年）十二月，「司徒兼太原尹李光弼薊國公……仍並加實封」；乾元元年八月，「朔方節度使郭子儀、河東節度使李光弼、關內節度使王思禮來朝」〔註107〕。此前，高秀巖歸降於朝廷，被任命為河東節度使、雲中太守，可知其時河東鎮仍治於雲中郡。至德二載十二月，李光弼僅僅為太原尹，乾元元年八月已經升為河東節度使。此後，李光弼卸任之後，王思禮於乾元二年七月擔任河東節度副大使、兼太原尹。由此可知，乾元元年河東鎮已經治於太原府。

值得注意的是，安史之亂爆發後，藩鎮逐漸演變為一級行政區，河東鎮也由一個軍事防區逐漸發展成為一個地方行政區。

（五）河東鎮轄區穩定時期

廣德元年（763年），朝廷平定安史之亂後，河東鎮轄有太原府和儀、石、嵐、汾、代、忻、朔、蔚、雲、沁十州。其中，沁州是河東鎮新增領的。

關於河東鎮增領沁州的時間，史籍沒有明確記載。據《方鎮表三》記載：至德元載，「置澤潞沁節度使，治潞州。」〔註108〕由此可見，沁州在至德元載（756年）是隸屬於澤潞鎮的。根據《資治通鑑》記載：廣德元年（763年）七月，朔方節度使僕固懷恩率軍進攻河東節度使辛雲京之時，「將朔方兵數萬屯汾州，使其子御史大夫（僕固）瑒將萬人屯榆次，裨將李光逸等屯祁〔祁〕

〔註106〕《舊唐書》卷三十九《地理志二》，第1483頁。
〔註107〕《舊唐書》卷十《肅宗本紀》，第249、253頁。
〔註108〕《新唐書》卷六十六《方鎮表三》，第1232頁。

縣，李懷光等屯晉州，張維岳等屯沁州。」〔註109〕由這條記載來看，沁州當時是隸屬於河東鎮的。同書又記載：寶應元年（762年）七月「壬辰，以郭子儀都知朔方、河東、北庭、潞儀澤沁陳鄭等節度行營及興平等軍副元帥。」胡三省注：「時以潞、儀、澤、沁、陳、鄭為一鎮，以李抱玉為節度使。」〔註110〕由此可知，沁州寶應元年是隸屬於澤潞鎮的〔註111〕。因此，沁州改隸於河東鎮的時間大約在廣德元年（763年）。

由上一段落所引《資治通鑒》的記載還可以看出，儀州在寶應元年（762年）是隸屬於澤潞鎮的。至於儀州何時改隸於澤潞鎮，何時復隸於河東鎮，則無從考證。

此後，河東鎮長期轄有上述十一州（府）。這也能印證《元和郡縣圖志》的記載，書中記載：河東節度使「管州十一：太原府，汾州，沁州，儀州，嵐州，石州，忻州，代州，蔚州，朔州，雲州。」〔註112〕

興元元年（784年），朝廷賜河東鎮軍號保寧軍，直到貞元三年（787年）取消保寧軍的稱號。《方鎮表二》記載：興元元年，「賜河東節度號保寧軍節度」；貞元三年，「保寧軍節度復為河東節度」。《舊唐書》記載：興元元年八月「河東保寧軍節度使、太原尹、北都留守、檢校司徒、平章事、北平郡王馬燧為奉誠軍、晉絳慈隰節度行營兵馬副元帥……時方命城與馬燧各出師討懷光故也」〔註113〕。此次賜河東鎮軍號，與河中鎮李懷光叛亂有關。

基於以上考述，廣德元年（763年）至會昌三年（843年），河東鎮的轄區都很穩定。

（六）分置大同、雁門二鎮

會昌三年，河東鎮分置為河東、大同二鎮。中和二年，河東鎮又分置代北鎮。

會昌三年（843年），河東鎮罷領雲、朔、蔚三州。朝廷以此三州另置大同軍都團練使，次年升為大同軍都防禦使。《方鎮表二》記載：會昌三年，「河東節度使罷領雲、朔、蔚三州，以雲、蔚、朔三州置大同都團練使，治雲州」；

〔註109〕《資治通鑒》卷二百二十三《廣德元年》，第7147頁。
〔註110〕《資治通鑒》卷二百二十二《寶應元年》，第7129～7130頁。
〔註111〕陳翔：《關於唐代澤潞鎮的幾個問題》，碩士學位論文，陝西師範大學歷史系，2006年，第6頁。
〔註112〕（唐）李吉甫：《元和郡縣圖志》卷十三《河東道二》，第359頁。
〔註113〕《舊唐書》卷十二《德宗本紀上》，第345頁。

四年，「升大同都團練使為大同都防禦使」。此後，河東鎮轄有太原府、儀、石、嵐、汾、代、忻、沁八州。

中和元年（881 年）六月，沙陀人李克用佔據忻、代二州。《資治通鑒》記載：中和元年六月，「李克用遇大雨，己亥，引兵北還，陷忻、代二州，因留居代州。」〔註114〕

同年（881 年），朝廷以代州建置雁門鎮，任命李克用為節度使，次年轄有忻、代、蔚、朔四州。因此，河東鎮罷領忻、代二州〔註115〕。

其後，李克用率軍幫助朝廷打敗黃巢，收復長安。中和三年（883 年）五月，李克用被朝廷任命為河東節度使〔註116〕。李克用又表奏以其父李國昌為代北節度使，仍治於代州。同年十月，李國昌去世，代北節度使被廢除，轄區併入河東鎮。

此後，李克用割據於河東鎮，後來建立「晉」政權。天祐五年（908 年），李克用去世，其子李存勖繼任晉王。李存勖以河東鎮為根據地，逐步擴展勢力，最終天祐二十年（923 年）建立後唐。

唐末，河東鎮曾經增領麟州。但對於河東鎮增領麟州的時間，《方鎮表二》記載為中和二年（882 年），有誤。根據《資治通鑒》記載：中和四年「八月，李克用奏請割麟州隸河東，又奏請以弟克脩為昭義節度使，皆許之。」《考異》曰：「《新方鎮表》云，中和二年，河東節度增領麟州，誤也。」〔註117〕

綜上所述，河東鎮的轄區沿革可總結如表 6-3 所示。

表 6-3　河東鎮轄區統計表

時　期	轄區總計	會　府	詳細轄區
723 年～729 年	1 府 9 州	太原府	太原府、儀、石、嵐、汾、代、忻、朔、蔚、雲
729 年～730 年	1 府 7 州	太原府	太原府、嵐、汾、代、忻、朔、蔚、雲
730 年～740 年前	1 府 9 州	太原府	太原府、儀、石、嵐、汾、代、忻、朔、蔚、雲
740 年前～742 年	1 府 9 州	雲州	太原府、儀、石、嵐、汾、代、忻、朔、蔚、雲
742 年～755 年	1 府 9 郡	雲中郡	太原府、樂平、昌化、樓煩、西河、雁門、定襄、馬邑、安邊、雲中

〔註114〕《資治通鑒》卷二百五十四《中和元年》，第 8253 頁。
〔註115〕對於雁門鎮的建置時間和轄區，詳見本節下文《代北鎮（雁門鎮）的沿革》。
〔註116〕《舊唐書》卷十九下《僖宗本紀》，第 716 頁。
〔註117〕《資治通鑒》卷二百五十六《中和四年》，第 8313 頁。

755 年 十一月～十二月	1 府 9 郡	雲中郡	太原府、樂平、昌化、樓煩、西河、定襄、〔馬邑、雁門、安邊、雲中〕〔註 118〕
755 年～757 年	1 府 9 郡	雲中郡	太原府、樂平、昌化、樓煩、西河、雁門、定襄、馬邑、〔安邊、雲中〕
757 年～758 年	1 府 9 郡	雲中郡	太原府、樂平、昌化、樓煩、西河、雁門、定襄、馬邑、興唐、雲中
758 年～762 年	1 府 9 州	太原府	太原府、儀、石、嵐、汾、代、忻、朔、蔚、雲
762 年～763 年	1 府 8 州	太原府	太原府、石、嵐、汾、代、忻、朔、蔚、雲
763 年～843 年	1 府 10 州	太原府	太原府、儀、石、嵐、汾、代、忻、朔、蔚、雲、沁
843 年～881 年	1 府 7 州	太原府	太原府、儀、石、嵐、汾、代、忻、沁
881 年～883 年	1 府 5 州	太原府	太原府、儀、石、嵐、汾、沁

二、雲州鎮大同軍的沿革

雲州大同軍鎮的建置沿革為：大同軍都團練使（843～844）—大同軍防禦使（844～878）—大同軍節度使（878）—大同軍防禦使（878～891）。

雲州原本是河東鎮下轄的支州，會昌三年（843 年），朝廷以雲州另建一個藩鎮，軍號大同軍。廣明元年（880 年），吐谷渾首領赫連鐸開始割據於雲州。大順二年（891 年），赫連鐸為河東節度使李克用所滅，大同鎮被河東鎮兼併。

大同鎮建置於會昌三年（843 年），初稱大同軍都團練使，轄有雲、朔、蔚三州，治於雲州。次年，升為大同軍都防禦使。《方鎮表二》記載：會昌三年，「河東節度使罷領雲、朔、蔚三州，以雲、蔚、朔三州置大同都團練使，治雲州」；四年，「升大同都團練使為大同都防禦使。」〔註 119〕由於當時回鶻烏介可汗曾經侵入雲州，大同鎮的建置，當是為了防禦回鶻的入侵。《資治通鑑》記載：會昌二年「八月，（烏介）可汗帥眾過杷頭烽南，突入大同川，驅掠河東雜虜牛馬數萬，轉鬥至雲州城門。刺史張獻節閉城自守，吐谷渾、党項皆挈家入山避之。」會昌三年正月，「回鶻烏介可汗帥眾侵逼

〔註 118〕天寶十四載（755 年）十一月，安祿山叛亂，馬邑、雁門、安邊、雲中四郡為安祿山勢力所據；同年十二月，朝廷收復馬邑、雁門二郡；至德二載（757 年），收復安邊、雲中二郡。

〔註 119〕《新唐書》卷六十五《方鎮表二》，第 1213 頁。

振武。」〔註 120〕

咸通十年（869 年）十月，朝廷升大同軍防禦使為節度使，任命朱邪赤心（李國昌）為節度使。《資治通鑑》記載：本年十月，「上嘉朱邪赤心之功，置大同軍於雲州，以赤心為節度使，召見，留為左金吾上將軍，賜姓名李國昌，賞賚甚厚。」〔註 121〕

其後，李國昌被調往其他藩鎮任職，大同軍節度使又降為防禦使。

乾符五年（878 年）二月，李國昌之子李克用殺死大同軍防禦使段文楚，佔據雲州，向朝廷請為大同軍節度使。但是朝廷不許，改任振武節度使李國昌為大同軍節度使。李國昌、李克用父子想要佔據兩鎮，拒不奉詔。朝廷詔令昭義節度使李鈞、幽州節度使李可舉、吐谷渾酋長赫連鐸、白義誠、沙陀酋長安慶、薩葛酋長米海萬等人率兵討伐李國昌父子。

廣明元年（880 年）四月，朝廷任命李琢為蔚朔節度使，統兵進攻李國昌。同年七月，李國昌父子敗逃，朝廷廢除蔚朔節度使，任命吐谷渾都督赫連鐸為大同軍防禦使，又分別任命白義誠、米海萬為蔚州刺史、朔州刺史。對於這些史實，《資治通鑑》記載：本年「四月，丁酉，以太僕卿李琢為蔚、朔等州招討都統、行營節度使……以李琢為蔚朔節度使，仍充都統。」七月，「詔以（赫連）鐸為雲州刺史、大同軍防禦使，吐谷渾白義成為蔚州刺史，薩葛米海萬為朔州刺史。」〔註 122〕

中和二年（882 年）三月，蔚州又被李國昌父子攻取。《舊唐書》記載：中和二年「三月，前蔚州刺史蘇祐為沙陀所敗，棄郡投鎮州」〔註 123〕。同年，朝廷在代州建置雁門鎮，轄有忻、代、蔚、朔四州。《方鎮表二》記載：中和二年，「以忻、代二州隸雁門節度，更大同節度為雁門節度……徙治代州」〔註 124〕《舊唐書》也記載：中和三年「五月，制以……雁門已北行營節度、忻代蔚朔等州觀察處置等使……兼太原尹、北京留守，充河東節度、管內觀察處置等使」〔註 125〕。可見，大同鎮在中和二年（882 年）罷領蔚、朔二州。此後，大同鎮僅轄有雲州。

〔註 120〕《資治通鑑》卷二百四十六《會昌二年》、卷二百四十七《會昌三年》，第 7963、7971 頁。

〔註 121〕《資治通鑑》卷二百五十一《咸通十年》，第 8150 頁。

〔註 122〕《資治通鑑》卷二百五十三《廣明元年》，第 8224、8231 頁。

〔註 123〕《舊唐書》卷十九下《僖宗本紀》，第 712 頁。

〔註 124〕《新唐書》卷六十五《方鎮表二》，第 1219 頁。

〔註 125〕《舊唐書》卷十九下《僖宗本紀》，第 716 頁。

《方鎮表二》記載：中和四年（884年），「河東節度復領雲、蔚二州。」《資治通鑑》也記載：中和四年八月，「（李）克用奏罷雲蔚防禦使，依舊隸河東，從之。」〔註126〕此時，李克用已經成為河東節度使，代北鎮（雁門鎮）也已被廢除。朝廷雖然同意廢除雲蔚防禦使，但雲州卻仍為赫連鐸所據。據前文考述，蔚州此前已經為沙陀李氏所有。

大順二年（891年），河東節度使李克用攻陷雲州，赫連鐸敗逃，大同鎮最終被河東政權兼併。《新唐書》記載：大順二年「七月，李克用陷雲州，防禦使赫連鐸奔於退渾」〔註127〕。《舊五代史》也記載：大順二年「七月，武皇進軍柳會，赫連鐸力屈食盡，奔於吐渾部，遂歸幽州，雲州平。武皇表石善友為大同軍防禦使。」〔註128〕

綜上所述，雲州大同軍鎮建置於會昌三年（843年），轄有雲、朔、蔚三州，廣明元年（880年）罷領蔚、朔二州，同年復領，中和二年（882年）再次罷領蔚、朔二州，僅轄雲州。大順二年（891年），雲州藩鎮被河東鎮李氏政權兼併。

三、代北鎮（雁門鎮）的沿革

代州藩鎮的建置沿革為：雁門節度使（881～883）—代北節度使（883）。

代州，原本也屬於河東鎮的轄區。中和元年（881年），李克用佔據代、忻二州，朝廷以代州建置雁門鎮，以李克用為節度使。李克用成為河東節度使後，其父李國昌接任為代北節度使，仍治於代州。中和三年（883年）十月，李國昌去世後，代北鎮被廢除。

中和元年（881年）六月，李克用佔據忻、代二州。《資治通鑑》記載：中和元年六月，「李克用遇大雨，己亥，引兵北還，陷忻、代二州，因留居代州。」〔註129〕

同年，朝廷以代州建置雁門鎮，以李克用為節度使。關於雁門鎮的建置時間，史籍記載不一。《舊唐書》記載：中和元年「四月，以前大同軍防禦使李克用檢校工部尚書，兼代州刺史、雁門已北行營兵馬節度等使。」〔註130〕而《方鎮表二》記載：中和二年，「以忻、代二州隸雁門節度，更大同節度為雁

〔註126〕《資治通鑑》卷二百五十六《中和四年》，第8313頁。
〔註127〕《新唐書》卷十《昭宗本紀》，第183頁。
〔註128〕《舊五代史》卷二十五《唐書·武皇本紀上》，第345頁。
〔註129〕《資治通鑑》卷二百五十四《中和元年》，第8253頁。
〔註130〕《舊唐書》卷十九下《僖宗本紀》，第710頁。

門節度……徙治代州。」〔註131〕上文《雲州大同軍的沿革》中提及，雁門鎮增領蔚、朔二州是在中和二年（882 年）。綜合上述記載來看，雁門鎮建置於中和元年（881 年），次年增領蔚、朔二州。

其後，李克用率兵幫助朝廷收復京城長安。中和三年（883 年）五月，朝廷改任李克用為河東節度使。同年八月，朝廷以其父李國昌鎮守代州，改任為代北節度使。《資治通鑒》記載：中和三年「八月，甲辰，李克用至晉陽，詔以前振武節度使李國昌為代北節度使，鎮代州。」〔註132〕《方鎮表二》也記載：中和三年，「賜雁門節度為代北節度」〔註133〕。此後，河東、代北名為二鎮，實為一體。

同年（883 年）十月，李國昌去世，代北鎮也被廢除，其轄區被併入河東鎮。對於代北鎮的廢除，史料並未記載。但根據《唐刺史考全編》的統計來看，李國昌之後的歷任代州刺史皆只稱刺史，而不稱節度使，可知代北節度使已被廢除〔註134〕。

對於李國昌去世的時間，《資治通鑒》記載為光啟三年（887 年）二月〔註135〕，但《舊唐書》《新五代史》都記載為中和三年（883 年）十月〔註136〕，《舊五代史》也記載：「代州有〈唐故龍武軍統軍檢校司徒贈太保隴西李公神道碑〉云，公諱國昌，字德興……及武皇鎮太原，表為代北軍節度使，中和三年薨。」〔註137〕因此，李國昌死於中和三年十月，代北鎮也應廢於此時。

綜上所述，代北鎮（雁門鎮）建置於中和元年（881 年），轄代、忻二州，次年增領蔚、朔二州。中和三年（883 年），代北鎮被廢除。

四、河東鎮下轄州縣沿革

河東鎮前期長時間轄有太原府和儀、石、嵐、汾、代、忻、朔、蔚、雲、沁十州。直至會昌三年（843 年），朝廷分河東鎮所轄的雲、朔、蔚三州另置大

〔註131〕《新唐書》卷六十五《方鎮表二》，第 1218 頁。
〔註132〕《資治通鑒》卷二百五十五《中和三年》，第 8299 頁。
〔註133〕《新唐書》卷六十五《方鎮表二》，第 1219 頁。
〔註134〕郁賢皓：《唐刺史考全編》卷九一《代州（雁門郡）》，第 1325～1327 頁。
〔註135〕《資治通鑒》卷二百五十六《光啟三年》第 8345 頁記載：光啟三年二月，「代北節度使李國昌薨。」
〔註136〕《舊唐書》卷十九下《僖宗本紀》717 頁記載：「（中和三年）十月，李國昌卒。」《新五代史》卷四《唐莊宗本紀上》第 33 頁記載：「（中和三年）十月，（李）國昌卒。」
〔註137〕《舊五代史》卷二十五《唐書·武皇本紀上》，第 332 頁。

同鎮，河東鎮因而轄有太原府和儀、石、嵐、汾、代、忻、沁七州。中和元年（881 年），忻、代二州為李克用所據，朝廷以二州建置雁門鎮，次年雁門鎮增領蔚、朔二州。中和三年（883 年），朝廷任命李克用為河東節度使，開始李氏對河東鎮的割據。同年，代北鎮廢，轄區併入河東鎮。大順二年（891 年），雲州藩鎮被河東鎮節度使李克用兼併。

（一）河東鎮長期轄有的州

太原府：720 年～883 年屬河東鎮，長期為會府。太原府原為并州，景雲二年（711 年），并州大都督府長史兼領和戎、大武等諸軍州節度使。開元五年（717 年），置天兵軍於并州，并州大都督府長史兼任天兵軍大使。八年（720 年），置天兵軍節度使。十一年（723 年），并州升為太原府，天兵軍節度使改為太原府以北諸軍州節度使。十八年（730 年），改為河東節度使。二十八年（740 年）前，河東鎮徙治於雲州。乾元元年（758 年），河東鎮還治於太原府。

轄有太原、晉原、榆次、清源、壽陽、太谷、祁、文水、交城、廣陽、陽曲、盂、樂平十三縣，治於太原縣。

汾州：723 年～883 年屬河東鎮。開元十一年（723 年），汾州隸於太原以北節度使，開元十八年（730 年）隸於河東節度使。天寶元年（742 年），汾州改為西河郡，乾元元年（758 年）復為汾州。

轄有西河、孝義、介休、靈石、平遙五縣，治於西河縣。

沁州：763 年前～883 年屬河東鎮。沁州原隸於澤潞鎮，大約廣德元年（763 年）改隸於河東鎮。

轄有沁源、和川、綿上三縣，治於沁源縣。

儀州：723 年～883 年屬河東鎮。開元十一年（723 年），儀州隸於太原以北節度使，開元十七年（729 年）改隸於潞州都督府，次年隸於河東節度使。天寶元年（742 年），儀州改為樂平郡，乾元元年（758 年）復為儀州，中和三年（883 年）八月改稱遼州。

轄有遼山、榆社、平城、和順四縣，治於遼山縣。

嵐州：723 年～883 年屬河東鎮。開元十一年（723 年），嵐州隸於太原以北節度使，開元十八年（730 年）隸於河東節度使。天寶元年（742 年），嵐州改為樓煩郡，乾元元年（758 年）復為嵐州。

轄有宜芳、靜樂、合河、嵐谷四縣，治於宜芳縣。

石州：723 年～883 年屬河東鎮。開元十一年（723 年），石州隸屬於太原

以北節度使，開元十七年（729年）改隸於潞州都督府，次年隸屬於河東節度使。天寶元年（742年），石州改為昌化郡，乾元元年（758年）復為石州。

　　轄有離石、平夷、定胡、臨泉、方山五縣，治於離石縣。

　　忻州：723年～881年屬河東鎮。開元十一年（723年），忻州隸於太原以北節度使，開元十八年（730年）隸於河東節度使。天寶元年（742年），忻州改為定襄郡，乾元元年（758年）復為忻州。中和元年（881年）六月，忻州為李克用所據，同年改隸於雁門鎮，中和三年（883年）復併入河東鎮。

　　轄有秀容、定襄二縣，治於秀容縣。

圖 6-4　河東鎮轄區圖（809年）

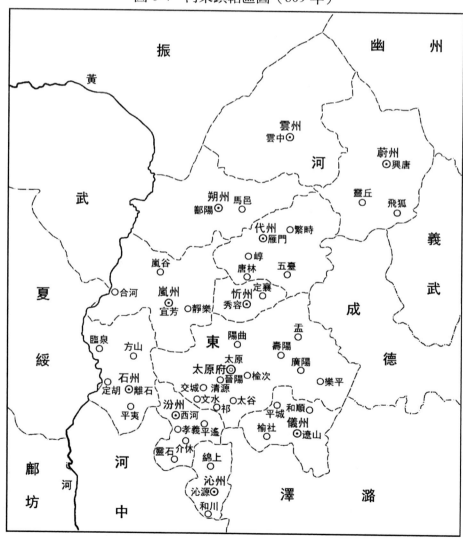

　　代州：723 年～881 年屬河東鎮。開元十一年（723 年），代州隸於太原以北節度使，開元十八年（730 年），隸於河東節度使。天寶元年（742 年），代州改為雁門郡。十四載（755 年）十一月，為安祿山勢力所佔據。同年十二月，收復〔註138〕。乾元元年（758 年），雁門郡復為代州。中和元年（881 年）六月，李克用佔據代州，朝廷以代州建置為雁門節度使，二年（882 年）轄有代、忻、蔚、朔四州。中和三年（883 年），雁門鎮改稱為代北鎮，同年廢除，轄區併入河東鎮。

　　轄有雁門、繁畤、五臺、唐林、崞五縣，治於雁門縣。

（二）大同鎮長期轄有的州

　　雲州：723 年～843 年屬河東鎮，843 年～891 年屬大同鎮。開元十一年（723 年），雲州隸於太原以北節度使，十八年（730 年）隸於河東節度使。二十八年（740 年）前，河東鎮徙治於雲州。天寶元年（742 年），雲州改為雲中郡。十四載（755 年）十一月，范陽、平盧、河東三鎮節度使安祿山叛亂，以部將高秀巖鎮守雲中郡，後又以高秀巖為河東節度使。至德二載（757 年）十二月，高秀巖歸降朝廷，被任命為河東節度使。乾元元年（758 年），雲中郡復為雲州。同年，河東鎮還治於太原府。會昌三年（843 年），雲州建置為大同軍都團練使，轄有雲、朔、蔚三州，次年升為大同軍都防禦使。廣明元年（880 年），赫連鐸開始割據於雲州，大順二年（891 年）為河東節度使李克用所滅。

　　轄有雲中縣，治於雲中縣。

　　朔州：723 年～843 年屬河東鎮，843 年～882 年屬大同鎮。開元十一年（723 年），朔州隸於太原以北節度使，十八年（730 年）隸於河東節度使。天寶元年（742 年），朔州改為馬邑郡。十四載（755 年）十一月，為安祿山勢力所佔據。同年十二月，收復。乾元元年（758 年），復為朔州。會昌三年（843 年），朔州改隸於大同鎮，廣明元年（880 年）改隸於蔚朔節度使，同年復隸於大同鎮。中和二年（882 年），朔州為李克用所取，改隸於雁門鎮，中和三年（883 年）復併入河東鎮。

　　轄有鄯陽、馬邑二縣，治於鄯陽縣。

　　蔚州：723 年～843 年屬河東鎮，843 年～882 年屬大同鎮。開元十一年

〔註138〕　《資治通鑑》卷二百一十七《天寶十四載》第 6944 頁記載：十二月，「（郭子儀）進圍雲中，使別將公孫瓊巖將二千騎擊馬邑，拔之，開東陘關。」按東陘關位於雁門郡，朝廷收復雁門郡也當在此時。

（723 年），蔚州隸於太原以北節度使，開元十八年（730 年）隸於河東節度使。天寶元年（742 年），蔚州改為安邊郡。十四載（755 年）十一月，為安祿山勢力所據。至德二載（757 年），收復〔註139〕。同年九月，安邊郡改為興唐郡。乾元元年（758 年），復為蔚州。會昌三年（843 年），蔚州改隸於大同鎮。廣明元年（880 年），改隸於蔚朔節度使，同年復隸於大同鎮。中和二年（882 年），蔚州為李克用所取，改隸於雁門鎮，中和三年（883 年）復併入河東鎮。

　　轄有興唐、靈丘、飛狐三縣，治於興唐縣。

　　興唐縣：原為安邊縣，開元十二年（724 年）置，治橫野軍，至德二載（757 年）改為興唐縣〔註140〕。

〔註139〕《資治通鑑》卷二百二十《至德二載》第 7044 頁記載：十一月，「張鎬帥魯灵、來瑱、吳王（李）祗、李嗣業、李奐五節度徇河南、河東郡縣，皆下之。惟能元皓據北海，高秀巖據大同，未下。」此時，安邊郡應當已經收復。
〔註140〕《新唐書》卷三十九《地理志三》，第 662 頁。

第七章　河北道藩鎮

　　河北道，是唐朝藩鎮長期割據的地區，先後建置有幽州（又稱范陽或盧龍）、平盧、成德、相衛、魏博、義武、滄景等鎮。其中，幽州、成德、魏博、義武、滄景五個藩鎮延續時間較長，相衛鎮存在的時間較短，平盧鎮在安史之亂後南遷至青州。

　　魏博鎮是河北三鎮之一，是一個長期割據的藩鎮，從唐朝廣德元年（763年）開始割據，先後由田氏、史氏、何氏、韓氏、樂氏、羅氏、楊氏等家族割據，直至後梁貞明元年（915年）覆滅。魏博鎮治於魏州，長期轄有魏、博、澶、相、衛、貝六州。

　　成德鎮，又稱恆冀鎮、鎮冀鎮，是河北三鎮之一，也是一個長期割據的藩鎮，從唐朝寶應元年（762年）開始割據，先後由李氏、契丹王氏、回鶻王氏、張氏四個家族割據，後梁龍德二年（922年）為河東節度使晉王李存勖所滅。成德鎮治於恆州（鎮州），長期轄有恆（鎮）、冀、深、趙四州。

　　幽州鎮建置時間較早，是天寶十節度使之一，後又改稱范陽鎮。安史之亂後，幽州鎮又稱盧龍鎮，是河北三鎮之一，從唐朝廣德元年（763年）開始割據，經歷多個家族的割據。後梁乾化元年（911年），幽州節度使劉守光稱帝，建國號為「燕」，改年號為「應天」。乾化三年（913年），劉守光為河東節度使晉王李存勖所滅。幽州鎮治於幽州，長期轄有幽、媯、莫、薊、平、營、檀、涿、瀛等州。

　　相衛鎮也是安史之亂後建置於河北道的一個割據藩鎮，軍號昭義軍。相衛鎮建置於寶應元年（762年），先後由薛嵩、薛崿兄弟割據。大曆十年（775年），

魏博鎮攻取相衛鎮下轄的相、衛、洺、貝四州。相衛鎮薛氏割據宣告結束，轄區僅剩邢、磁二州，建中元年（780年）正式併入澤潞鎮。

義武鎮，又稱易定鎮，是由成德鎮分裂而成的一個藩鎮。唐代中後期，張孝忠、張茂昭父子曾經割據於義武鎮，後歸順於朝廷。唐末，王處存家族開始割據於義武鎮，直至後唐天成四年（929年）為後唐所滅。義武鎮治於定州，長期轄有易、定二州。

滄景鎮，又稱橫海鎮、義昌鎮、滄德鎮，也是由成德鎮分裂而成的一個藩鎮。唐代中後期，滄景鎮先後由程日華家族、李全略家族割據，後為朝廷所平定。唐末，盧彥威割據於滄景鎮，後為幽州節度使劉仁恭所滅。

平盧鎮，是開元年間建置於營州的一個藩鎮，安史之亂後南遷至青州。平盧軍南遷後，營州地區併入幽州（盧龍）鎮，成為幽州鎮的轄區。

這一章主要研究河北道的魏博、成德、幽州、相衛、義武、滄景六個藩鎮。

第一節　魏博鎮

魏博鎮是河朔三鎮之一，是一個典型的割據型藩鎮。廣德元年（763年），原安史之亂的叛將田承嗣歸順於朝廷，被朝廷任命為魏博節度使，建立魏博鎮。此後，魏博鎮長期割據一方。建中年間，魏博節度使田悅叛亂，自稱魏王，建立魏國，兩年後去王號，復為藩鎮。魏博鎮先後經歷田、史、何、韓、樂、羅、楊七個家族的割據，至後梁貞明元年（915年）覆滅，割據時間長達一百五十二年。

一、魏博鎮的轄區沿革

魏博鎮的建置沿革為：魏博都防禦使（763）—魏博節度使（763～764）—天雄軍節度使（764～大曆中）—魏博節度使（大曆中～904）—天雄軍節度使（904～915）。

魏博鎮在田氏割據時期的轄區變化較大，最初轄有魏、博、德、滄、瀛五州，其後新置澶州，治於魏州。田承嗣攻取相衛鎮之後，魏博鎮轄區變更為魏、博、澶、相、衛、貝、洺七州。田悅叛亂時，魏博鎮失去洺州。此後，魏博鎮的轄區較為穩定，長期轄有魏、博、澶、相、衛、貝六州。另外，魏博鎮的軍號為天雄軍，曾經被朝廷取締。

（一）魏州建鎮之始

魏博鎮的會府魏州，其建置藩鎮的歷史可以追溯至乾元元年（758 年）十二月。對此，《新唐書・方鎮表》並沒有記載。而《舊唐書》卻記載：本年「十二月癸卯，以河南節度崔光遠為魏州刺史。」〔註1〕同書又記載：「十二月，（崔光遠）代蕭華為魏州刺史，充魏州節度使。」〔註2〕另外，《新唐書》《冊府元龜》也有類似的記載。由以上這些記載來看，朝廷當時在魏州建置了魏州節度使。

在此之前，安史叛軍佔據魏州，先後以袁知泰、能元皓、蕭華為魏郡太守（魏州刺史）。史籍均未提及這四人為節度使，可知乾元之前魏州並未建置藩鎮。乾元元年十一月，崔光遠收復魏州，奏請朝廷以蕭華為魏州防禦使。十二月，史思明率軍南下，朝廷改任崔光遠為魏州刺史、魏州節度使。同月，魏州又被史思明攻陷。《資治通鑒》記載：本年「（十一月，）崔光遠拔魏州；丙戌，以前兵部侍郎蕭華為魏州防禦使……十二月，癸卯，敕以光遠領魏州刺史……丁卯，（史）思明陷魏州，所殺三萬人。」〔註3〕

通過考述可知，魏州此次建置的藩鎮存在時間極短。正是由於這個原因，《新唐書》才沒有將其列入《方鎮表》中。

（二）魏博鎮建置初期的轄區沿革

廣德元年（763 年），安史集團將領田承嗣歸順朝廷，被朝廷任命為魏博都防禦使。

對於魏博鎮建置之初的轄區，史籍記載不一。《資治通鑒》的記載可總結如下：廣德元年（763 年）正月，田承嗣歸降朝廷。閏正月，朝廷以田承嗣為魏博德滄瀛五州都防禦使。五月，朝廷制分河北諸州，相、貝、邢、洺為相州管，魏、博、德為魏州管，滄、棣、冀、瀛為青淄管。六月，朝廷以魏博都防禦使田承嗣為節度使〔註4〕。而《方鎮表三》卻記載：廣德元年，「置魏博等州防禦使，領魏、博、貝、瀛、滄五州，治魏州。是年，升為節度使，增領德州。以瀛、滄二州隸淄青平盧節度，貝州隸洺相節度。未幾，復領瀛、滄二州。」〔註5〕

〔註1〕《舊唐書》卷十《肅宗本紀》，第 254 頁。
〔註2〕《舊唐書》卷一百一十一《崔光遠傳》，第 3319 頁。
〔註3〕《資治通鑒》卷二百二十《乾元元年》，第 7063～7064 頁。
〔註4〕《資治通鑒》卷二百二十二《廣德元年》，第 7138～7144 頁。
〔註5〕《新唐書》卷六十六《方鎮表三》，第 1234～1252 頁。下同，不再引注。

　　《資治通鑑》的說法很容易讓人誤解為，朝廷制分河北諸州後，魏博鎮僅轄有魏、博、德三州。然而並非如此，魏博鎮後來的轄區中也含有滄州、瀛州，《資治通鑑》的記載實際存在誤導。《方鎮表三》的說法卻恰好補充了其中的不足。綜合上面的兩種說法，總結如下：廣德元年（763年）閏正月，朝廷先任命田承嗣為魏、博、貝、滄、瀛五州都防禦使。五月，朝廷制分河北諸州，魏博鎮增領德州，貝州改隸於洺相鎮，瀛、滄二州改隸於淄青鎮。不久，魏博鎮復領瀛、滄二州。經過廣德元年（763年）數次的轄區劃分，魏博鎮最終轄有魏、博、德、滄、瀛五州。在這期間，田承嗣也由魏博都防禦使升為魏博節度使。

　　大曆七年（772年），田承嗣上表朝廷，以魏州的頓丘、臨黃二縣建置澶州。《新唐書》記載：「澶州……大曆七年，田承嗣表以魏州之頓丘、臨黃復置。」〔註6〕魏博鎮因而增領澶州，至此轄有魏、博、德、滄、瀛、澶六州。

（三）田承嗣之亂對魏博鎮轄區的影響

　　大曆十年（775年），魏博節度使田承嗣叛亂，造成魏博鎮轄區發生了很大的變化。

　　大曆十年正月，田承嗣誘使相衛鎮的兵馬使裴志清作亂。裴志清驅逐相衛留後薛崿，率軍投靠田承嗣。田承嗣以救援相衛鎮為名，出兵侵佔相衛鎮。同年二月，田承嗣便已奪取了相衛鎮所轄的相、衛、洺、貝、磁五州。《資治通鑑》記載：大曆十年（775年）正月，「（田）承嗣聲言救援，引兵襲相州，取之……癸丑，遣大將盧子期取洺州，楊光朝攻衛州……二月乙丑，田承嗣誘衛州刺史薛雄，雄不從，使盜殺之，屠其家，盡據相、衛四州之地，自置長吏……逼魏知古與共巡磁、相二州，使其將士割耳劈面，請承嗣為帥。」〔註7〕雖然此處僅記載了田承嗣奪取相衛鎮的相、衛、洺、磁四州，未提及貝州。但貝州原本隸屬於相衛鎮，此後又隸屬於魏博鎮，可見田承嗣在此時也奪取了貝州。至此，魏博鎮的轄區達到最盛，據有魏、博、德、滄、瀛、澶、相、衛、洺、貝、磁十一州之地。〔註8〕

　　田承嗣公然兼併鄰鎮的行為使得朝廷十分憤怒，於是詔令各個藩鎮討伐

〔註6〕《新唐書》卷三十九《地理志三》，第666頁。
〔註7〕《資治通鑑》卷二百二十五《大曆十年》，第7228～7229頁。
〔註8〕賴青壽先生的博論《唐後期方鎮建置沿革研究》對此沒有提及，並將魏博鎮增領相、衛、洺、貝四州的時間置於大曆十一年（776年），其實也不準確。

田承嗣。在朝廷的討伐下，田承嗣節節敗退。同年五月，田承嗣的部將霍榮國以磁州歸降朝廷，魏博鎮所轄的德州也被淄青節度使李正己攻取。十月，田承嗣為了離間成德節度使李寶臣和幽州節度留後朱滔，又將滄州割讓給李寶臣，令其出兵進攻朱滔。十一月，田承嗣部將吳希光以瀛州歸降朱滔。《資治通鑒》記載：大曆十年「五月乙未，（田）承嗣將霍榮國以磁州降。丁未，李正己攻德州，拔之。」「十一月丁酉，田承嗣將吳希光以瀛州降。」〔註9〕《新唐書》記載：「（李）寶臣乃貳，反攻朱滔，與（田）承嗣和，承嗣與之滄州。」〔註10〕

同年（775年）末，田承嗣在節節敗退之下，只好歸順朝廷。經過田承嗣之亂，魏博鎮最終失去滄、德、瀛三州，取得相、衛、洺、貝四州。次年，朝廷承認四州為魏博鎮所有。《方鎮表三》記載：大曆十一年，「魏博節度增領衛、相、洺、貝四州。」

田承嗣之亂後，魏博鎮轄有魏、博、澶、相、衛、洺、貝七個州。《資治通鑒》記載：「是時，田承嗣據魏、博、相、衛、洺、貝、澶七州。」〔註11〕

（四）建中之亂對魏博鎮轄區的影響

建中二年（781年）至興元元年（784年），魏博節度使田悅與成德、幽州、淄青等藩鎮一起發動叛亂，遭到朝廷討伐，使魏博鎮轄區再次發生變化。

建中二年，田悅發動叛亂，朝廷先後將魏博鎮所轄的衛州劃歸澤潞、河陽二鎮。對此，《方鎮表三》有載。但當時田悅叛亂，不服從朝廷號令。朝廷將衛州劃給澤潞、河陽，正是由於這點。但根據兩《唐書》和《資治通鑒》等史籍的記載，均不見衛州被朝廷攻取，反而恰好說明衛州仍在魏博鎮的實際管轄之下。

在朝廷的討伐下，田悅節節敗退。建中三年（782年）正月，田悅部將李再春、田昂相繼以博州、洺州歸降朝廷。《資治通鑒》記載：本年正月，「（李）瑤父再春以博州降，（田）悅從兄昂以洺州降。」〔註12〕

同年十一月，田悅自稱魏王，建立魏國，改魏州為大名府，作為都城。《新唐書》記載：「（田）悅國號魏，僭稱魏王，以府為大名府，署子為府留後。」

〔註9〕《資治通鑒》卷二百二十五《大曆十年》，第7231、7235頁。
〔註10〕《新唐書》卷二百一十《田承嗣傳》，第4520頁。
〔註11〕《資治通鑒》卷二百二十五《大曆十二年》，第7250頁。
〔註12〕《資治通鑒》卷二百二十七《建中三年》，第7316頁。

〔註13〕田悅建立魏國之事，還可見於墓誌記載。《新中國出土墓誌·北京（壹）下冊》有《唐劉如泉墓誌銘》記載：「建中三年六月卅日，於魏國峽山，兩軍相戮，彼眾我寡，當百陣亡。」〔註14〕

興元元年（784年）正月，田悅去王號，歸降朝廷，大名府復為魏州。朝廷恢復田悅的官爵，再次任命他為魏博節度使，必然將博州歸還於魏博鎮。洺州原本並不屬於魏博鎮，因此朝廷沒有將其還給魏博鎮管轄。《方鎮表三》記載：建中三年（782年），「昭義軍節度增領洺州。」由此可知，洺州在建中三年已經改隸於昭義鎮。

經過田悅之亂，魏博鎮失去洺州，轄有魏、博、澶、相、衛、貝六州之地。

（五）魏博鎮轄區的穩定時期

田悅之亂後，魏博鎮的轄區基本保持穩定。直到唐憲宗即位後，連續對西川、浙西、夏綏等藩鎮用兵，對河北三鎮等割據型藩鎮造成極大震懾作用。元和七年（812年），田弘正成為魏博節度使後，主動向朝廷獻地歸順。朝廷雖然仍然任命田弘正為魏博節度使，卻派遣大量官員進入魏博鎮，很大程度削弱了魏博鎮的割據性質。直至長慶二年（822年），魏博牙將史憲誠發動兵變，自稱魏博節度留後。朝廷討伐無果，最終任命其為魏博節度使，這樣又使得魏博鎮恢復割據姿態。

大和三年（829年），朝廷平定滄景鎮李同捷的叛亂，對魏博鎮產生極大震動。在此前後，魏博鎮內部發生了大將亓志紹等人叛亂的事件。大和三年六月，魏博節度使史憲誠迫於內外壓力，主動以魏博鎮歸順朝廷。朝廷徙史憲誠為河中節度使，分魏博鎮為兩鎮，以李聽為魏博節度使，轄有魏、博、貝三州，治於魏州；以史憲誠之子史孝章為相、衛、澶三州節度使，治於相州〔註15〕。

分割魏博鎮的舉動無疑觸動了魏博鎮牙兵集團的利益，造成魏博牙兵反抗。李聽還沒有進入魏州，魏博鎮就發生兵變。魏博衙內都知兵馬使何進滔殺史憲誠，控制魏博鎮。史孝章當時也並未進入相衛鎮，朝廷無奈之下於同年八

〔註13〕《新唐書》卷二百一十《田悅傳》，第4523頁。

〔註14〕中國文物研究所、北京石刻藝術博物館編：《新中國出土墓誌·北京（壹）下冊》一二《唐開府儀同三司試太常卿兼左金吾衛大將軍上柱國劉公（如泉）墓誌銘》，北京：文物出版社，第2003年，第7～8頁。

〔註15〕《資治通鑒》卷二百四十三《太和二年》、卷二百四十四《太和三年》，第7861～7864頁。

月將相、衛、澶三州劃歸魏博鎮。《資治通鑑》記載：本年六月，「以史憲誠為
兼侍中、河中節度使；以李聽兼魏博節度使；分相、衛、澶三州，以史孝章為
節度使……甲戌，軍亂，殺憲誠，奉牙內都知兵馬使靈武何進滔知留後……八
月壬子，以進滔為魏博節度使，復以相、衛、澶三州歸之。」〔註16〕

因此，此次朝廷將魏博鎮分為兩鎮，並未得到真正實行。其後，魏博鎮的
轄區一直保持不變，轄有魏、博、澶、相、衛、貝六州，直至唐末。

（六）唐末藩鎮兼併戰爭對魏博鎮轄區的影響

唐末黃巢起義前後，唐朝廷中央力量衰弱，地方獨立性逐漸加強，各地藩
鎮、州郡都相繼出現了相互兼併的戰爭，河北道地區也是如此。

黃巢起義時，魏博節度使韓簡對周邊藩鎮也發起了兼併戰爭。中和二年
（882年）八月，韓簡率三萬兵進攻河陽鎮，河陽節度使諸葛爽大敗而逃。韓
簡奪取河陽鎮的懷、孟二州，留兵戌守兩州，率軍北還。《資治通鑑》記載：
本年八月，「魏博節度使韓簡亦有兼併之志，自將兵三萬攻河陽，敗諸葛爽於
脩武；爽棄城走，簡留兵戌之。」〔註17〕雖然這個記載僅僅提及河陽，而沒有
提及所取得的州。但是河陽鎮當時轄有懷、孟、澤三州，孟州為河陽鎮的會府，
魏博南下孟州，必經懷州，因此魏博鎮必定奪取了懷、孟二州。至於澤州，根
據記載來看，則沒有被攻取。《唐故懷州司倉參軍攝河內縣令盧得一墓誌》記
載：「廣明中，天下亂。河橋為魏師所併，郡縣苦之。」〔註18〕這裡「河橋」
即指河陽，由此可印證魏博鎮曾經奪取河陽。

隨後，韓簡又發兵攻打天平軍的會府鄆州。中和三年（883年）二月，韓
簡攻鄆州近半年未下，此時諸葛爽又率軍奪回河陽鎮的懷、孟二州。韓簡隨即
率軍再次進攻諸葛爽，結果大敗而歸，並被部將殺死。《資治通鑑》記載：本
年二月，「（諸葛）爽復襲取河陽……（韓）簡為部下所殺。」〔註19〕至此，魏
博鎮仍轄有魏、博、澶、相、衛、貝六州。

光化二年（899年）正月，幽州節度使劉仁恭企圖兼併河朔其他勢力，率
領十萬大軍攻陷貝州，隨後又進攻魏州。魏博節度使羅紹威向宣武節度使朱溫

〔註16〕《資治通鑑》卷二百四十四《太和三年》，第7864～7865頁。
〔註17〕《資治通鑑》卷二百五十五《中和二年》，第8274頁。
〔註18〕馮春豔、趙志強、張長傑：《唐盧得一及其妻李氏墓誌考》，《中原文物》2015
年第2期，第89～95頁。
〔註19〕《資治通鑑》卷二百五十五《中和三年》，第8288頁。

求救。同年三月，朱溫派部將李思安、張存敬等人率軍救援魏博。朱溫和羅紹威聯軍打得劉仁恭軍大敗而逃，貝州也被魏博鎮收復〔註20〕。

天祐二年（905 年），魏博鎮牙將李公佺作亂。第二年，魏博節度使羅紹威引宣武軍節度使朱溫出兵幫助平定牙兵之亂，殺掉大量牙兵。魏博鎮因此實力衰弱，此後逐漸淪為朱溫的附屬藩鎮。天祐四年（907 年），朱溫建立後梁政權，羅紹威歸附。乾化二年（912 年），駐於魏州的後梁將領楊師厚驅逐羅紹威之子羅周翰，成為新的魏博節度使。

貞明元年（915 年）三月，楊師厚去世，後梁皇帝為了消除魏博鎮割據的禍患，乘機將魏博鎮分為兩鎮：魏、博、貝三州仍為天雄軍，治於魏州；相、衛、澶三州為昭德軍，治於相州。此舉使得魏博牙軍大為不滿，不久魏州牙兵發動兵變，魏博諸州投降於晉王李存勖，後梁僅有原魏博鎮的相、衛二州。至此，自安史之亂後建立的魏博鎮割據勢力宣告覆滅。

綜上所述，魏博鎮的轄區變化可以總結如表 7-1 所示。

表 7-1　魏博鎮轄區統計表

時　　期	轄區總計	會　府	詳細轄區
763 年～772 年	5 州	魏州	魏、博、德、滄、瀛
772 年～774 年	6 州	魏州	魏、博、德、滄、瀛、澶
775 年二月～五月	11 州	魏州	魏、博、德、滄、瀛、澶、相、衛、洺、貝、磁
775 年後期～781 年	7 州	魏州	魏、博、澶、相、衛、洺、貝
782 年～784 年	1 府 4 州	大名府	大名府、澶、相、衛、貝
784 年～882 年	6 州	魏州	魏、博、澶、相、衛、貝
882 年～883 年	8 州	魏州	魏、博、澶、相、衛、貝、懷、孟
883 年～915 年	6 州	魏州	魏、博、澶、相、衛、貝

（七）魏博鎮軍號使用時間略考

魏博鎮的軍號天雄軍，其使用時間卻沒有確切記載。廣德二年（764 年）正月，魏博節度使田承嗣奏請朝廷賜魏博鎮為天雄軍。《資治通鑒》載：「魏博

〔註20〕《資治通鑒》卷二百六十一《光化二年》，第 8522～8523 頁。

節度使田承嗣奏名所管曰天雄軍，從之。」〔註21〕此後，魏博鎮卻很少用到天雄軍這個軍號，應該是被取締了。

　　《讀史方輿紀要》引《方鎮考》的記載：「初，代宗以天雄軍號寵田承嗣。建中二年，田悅叛，因削天雄之號，止稱魏博⋯⋯天祐初，復賜號曰天雄。」〔註22〕但在建中二年（781 年）前，似乎也很少提到這個軍號。如《全唐文》卷四十七代宗《復田承嗣官爵詔》《復田悅等官爵詔》、卷四一四常衮《加田承嗣實封制》等都沒有提及天雄軍。由此來看，天雄軍的軍號似乎在田承嗣期間就已經被取締了。

　　至於魏博鎮再次使用天雄軍軍號的時間，上引《讀史方輿紀要》的記載為天祐初。《資治通鑒》也記載：天祐元年（904 年）四月，「更命魏博曰天雄軍。癸亥，進天雄節度使長沙郡王羅紹威爵鄴王。」〔註23〕但實際上早在此前，魏博鎮就已經復用天雄軍的軍號了。

　　魏博鎮的天雄軍號在很多墓誌中都有提及，比如《劉君王氏墓誌》記載，誌主劉其雲為天雄軍作坊副將，元和九年（814 年）十月三日，卒於「魏州貴鄉縣□□之私第，享年五十有二。」〔註24〕又如《司馬南陽郡宗公墓誌》記載，誌主宗庠「以大中六年（852 年）閏七月十四日遘疾，終於魏州貴鄉縣履信坊之私第，享年五十有五。」〔註25〕除了碑誌之外，《舊唐書·武宗本紀》記載：會昌元年（841 年）六月，「制以魏博兵馬留後何重霸檢校工部尚書、魏州大都督府長史，充天雄軍節度使，仍賜名重順。」〔註26〕由這些記載來看，魏博鎮再次使用天雄軍軍號的時間，至遲在元和九年（814 年）。元和七年（812 年），魏博節度使田弘正歸順朝廷，得到朝廷的褒獎。魏博鎮再次使用天雄軍軍號，或許與此相關。

　　但是，「天雄軍節度使」相關的記載卻很少。比如《沂國公田弘正墓誌》《魏博節度使田布墓誌》《魏博節度使何弘敬墓誌》皆稱田弘正、田布、何弘

〔註21〕《資治通鑒》卷二百二十三《廣德二年》，第 7160 頁。
〔註22〕（清）顧祖禹：《讀史方輿紀要》卷六《歷代州域形勢六》，第 252 頁。
〔註23〕《資治通鑒》卷二百六十四《天祐元年》，第 8632 頁。
〔註24〕周紹良、趙超主編：《唐代墓誌彙編續集》元和〇六三《劉君王氏墓誌》，第 845
　　　　～846 頁。
〔註25〕周紹良、趙超主編：《唐代墓誌彙編續集》咸通〇五〇《司馬南陽郡宗公墓誌》，
　　　　第 1072 頁。
〔註26〕《舊唐書》卷十八上《武宗本紀》，第 587 頁。

敬為魏博節度使，而不是天雄軍節度使。

綜合以上兩個方面的記載，筆者猜測，元和之後，魏博鎮在其內部長期自行使用天雄軍的軍號，並非朝廷授予。正是因為這個原因，魏博鎮內部存在「天雄軍作坊副將」「天雄軍司馬」這樣的官職。《舊唐書·武宗本紀》稱何重霸（即何弘敬）為天雄軍節度使，應該不是正式稱謂，《魏博節度使何弘敬墓誌》中就將何弘敬稱為魏博節度使。

綜上所述，廣德二年（764 年），朝廷賜魏博鎮軍號天雄軍；大曆中，田承嗣悖逆朝廷，朝廷取消魏博鎮天雄軍號；元和九年（814 年）之後，魏博鎮在其內部自行使用天雄軍號；天祐元年（904 年），朝廷改魏博節度使為天雄軍節度使。

二、魏博鎮下轄州縣沿革

魏博鎮建置於廣德元年（763 年），初期轄有魏、博、德、滄、瀛五州。大曆七年（772 年），分魏州建置澶州，魏博鎮因而增領澶州。大曆十年（775 年），魏博節度使田承嗣奪得相衛鎮的相、衛、洺、貝、磁五州。在朝廷的討伐下，魏博鎮失去德、滄、瀛、磁四州。建中三年（782 年），魏博節度使田悅叛亂，又失去洺州。此後，在較長的時間內，魏博鎮都轄有魏、博、澶、相、衛、貝六州。

（一）魏博鎮長期轄有的州

魏州：763 年～915 年屬魏博鎮，為會府。開元二十年（732 年），魏州始隸於幽州鎮，天寶元年（742 年）改為魏郡。十四載（755 年）十一月，陷於安祿山，十二月收復〔註27〕。至德元載（756 年）正月，又陷於安祿山政權〔註28〕，改為魏州，三月收復，仍為魏郡。同年，又陷於安氏政權，改為魏州。乾元元年（758 年）十一月，朝廷收復，置魏州防禦使。十二月，置魏州節度使。是月，魏州陷於史思明〔註29〕，魏州節度使廢，史氏又改魏州

〔註27〕《資治通鑑》卷二百一十七《天寶十四載》第 6946～6949 頁記載：十二月，「於是河北諸郡響應，凡十七郡皆歸朝廷，兵合二十餘萬；其附（安）祿山者，惟范陽、盧龍、密雲、漁陽、汲、鄴六郡而已。」

〔註28〕《資治通鑑》卷二百一十七《至德元載》第 6952 頁記載：正月，「於是鄴、廣平、鉅鹿、趙、上谷、博陵、文安、魏、信都等郡復為賊守。」

〔註29〕《資治通鑑》卷二百二《乾元元年》第 7064 頁記載：十二月「丁卯，（史）思明陷魏州，所殺三萬人。」

為魏郡。上元二年（761 年），朝廷以魏州隸於滑衛鎮，實際仍為史氏政權所有。寶應元年（762 年）十一月，朝廷收復魏州。廣德元年（763 年），始置魏博鎮，治於魏州。大曆七年（772 年），魏博節度使田承嗣上表以魏州頓丘、臨黃二縣分置澶州。建中三年（782 年），魏博節度使田悅稱魏王，建立魏國，改魏州為大名府，作為都城。興元元年（784 年），田悅歸順朝廷，大名府復為魏州。

　　轄有貴鄉、元城、魏、館陶、冠氏、昌樂、朝城、莘八縣，治於貴鄉縣。

　　朝城縣：元和年間（806～820 年）改隸澶州，後復屬魏州，天祐三年（906 年），為避朱溫父朱誠之諱，更名為武陽縣，並將其黃河以南的土地劃歸鄆州〔註30〕。

　　莘縣：天祐三年（906 年），將其黃河以南的土地劃歸鄆州〔註31〕。

　　博州：763 年～915 年屬魏博鎮。開元二十年（732 年），博州始隸於幽州鎮，天寶元年（742 年）改為博平郡。十四載（755 年）十一月，陷於安祿山，十二月收復。至德元載（756 年）十月，又陷於安氏政權〔註32〕，改為博州。乾元二年（759 年），屬史思明政權，改為博平郡。上元二年（761 年），朝廷以博州隸於滑衛鎮，實際仍為史氏政權所有。寶應元年（762 年）十一月，朝廷收復博州。廣德元年（763 年），博州改隸於魏博鎮。建中三年（782 年），魏博節度使田悅叛亂，博州為朝廷所取。興元元年（784 年），田悅歸順朝廷，博州復隸於魏博鎮。天祐三年（906 年），博州聊邑、博平、高唐、武水等縣在黃河以南的土地被劃歸於鄆州。

　　轄有聊城、武水、堂邑、博平、清平、高唐六縣，治於聊城縣。

　　聊城縣：天祐三年（906 年），為避朱溫父朱誠之諱，更名為聊邑縣，並將其黃河以南的土地劃歸鄆州〔註33〕。

　　澶州：772 年～915 年屬魏博鎮。大曆七年（772 年），魏博節度使田承嗣上表以魏州頓丘、臨黃二縣建置澶州，並新置觀城、清豐二縣以屬澶州。大和三年（829 年），澶州改隸於相衛節度使，同年復隸於魏博鎮。

〔註30〕《新唐書》卷三十九《地理志三》，第 665 頁。
〔註31〕《新唐書》卷三十九《地理志三》，第 665 頁。
〔註32〕《資治通鑑》卷二百一十九《至德元載》第 7005 頁記載：十月，「（史）思明即以平原兵攻清河、博平，皆陷之。」
〔註33〕《新唐書》卷三十九《地理志三》，第 665 頁。

轄有頓丘、臨黃、觀城、清豐四縣，治於頓丘縣。

頓丘縣：原屬魏州，大曆七年（772年）於此置澶州〔註34〕。

臨黃縣：原屬魏州，大曆七年（772年）改隸於澶州。

觀城縣：大曆七年（772年），分魏州的昌樂、臨黃二縣置觀城縣，隸澶州。

清豐縣：大曆七年（772年），分魏州的頓丘、昌樂二縣置清豐縣，以孝子張清豐的名字命名，隸澶州。

相州：775年～915年屬魏博鎮。相州原隸於相衛鎮，大曆十年（775年），魏博節度使田承嗣兼併相衛鎮，奪取相州。大和三年（829年），相、衛、澶三州建置為相衛節度使，治於相州。同年，相衛節度使廢，三州復隸於魏博鎮。

轄有安陽、鄴、臨漳、湯陰、林慮、成安、內黃、堯城、洹水、臨河十縣，治於安陽縣。

成安縣：天祐二年（905年），避朱溫父朱誠之諱，更名為斥丘縣，天祐三年（906年），改隸魏州〔註35〕。

內黃縣：天祐三年（906年），改隸魏州。

堯城縣：天祐三年（906年），為避朱溫父朱誠之諱，更名為永定縣。

洹水縣：天祐三年（906年），改隸魏州。

臨河縣：天祐三年（906年），改隸魏州。

衛州：775年～915年屬魏博鎮。衛州原隸於相衛鎮，大曆十年（775年），衛州被魏博節度使田承嗣奪取，改隸於魏博鎮。大和三年（829年），改隸於相衛節度使，同年復隸於魏博鎮。

轄有汲、新鄉、衛、共城、黎陽五縣，治於汲縣。

貝州：775年～915年屬魏博鎮。貝州原隸於相衛鎮，大曆十年（775年），貝州被魏博節度使田承嗣奪取，改隸於魏博鎮。

轄有清河、清陽、歷亭、武城、經城、漳南、夏津、宗城、臨清、永濟十縣，治於清河縣。

〔註34〕《新唐書》卷三十九《地理志三》，第666頁。臨黃、觀城、清豐三縣的記載均可見於此處記載。

〔註35〕《新唐書》卷三十九《地理志三》，第665頁。下文中，內黃、堯城、洹水、臨河四縣的記載均可見於此處記載。

宗城縣：天祐三年（906 年），避朱溫父朱誠之諱，更名為廣宗縣，同年改隸於魏州〔註36〕。

臨清縣：據《新唐書》記載，大曆七年（772 年），臨清縣改隸瀛州。這個記載有誤，因為臨清與瀛州相距較遠。實際上是改隸魏州，《新唐書》記載：「永濟……本隸貝州，大曆七年，田承嗣析魏州之臨清置。」〔註37〕由此可見，臨清縣改隸於魏州。貞元（785～805 年）末，臨清縣改隸於貝州。

永濟縣：據《新唐書》記載，大曆七年（772 年），田承嗣奏於張橋店置永濟縣，隸屬貝州〔註38〕。隸屬貝州的說法有誤，因為當時貝州為相衛鎮所有。由地理位置來看，永濟縣應當和臨清縣一樣隸屬魏州，在田承嗣兼併相衛鎮後，才被劃到貝州。天祐三年（906 年），永濟縣又改隸於魏州。

（二）魏博鎮短期轄有的州〔註39〕

德州：763 年～775 年屬魏博鎮。開元二十年（732 年），德州始隸於幽州鎮。天寶元年（742 年），改為平原郡。至德元載（756 年）十月，陷於安祿山政權〔註40〕，改為德州。二載（757 年）正月，收復〔註41〕，仍改為平原郡。同年，又陷於安氏政權，又改為德州。乾元元年（758 年），收復。三月，又陷於安氏政權〔註42〕。二年（759 年），屬史思明政權，改為平原郡。上元元年（760 年），收復，改隸於淄沂鎮。寶應元年（762 年）改隸於淄青鎮，廣德元年（763 年）改隸於魏博鎮。大曆十年（775 年），魏博節度使田承嗣公然攻取相衛鎮，遭到朝廷及諸鎮討伐。同年五月，德州被淄青節度使李正己攻取，改隸於淄青鎮。

〔註36〕《新唐書》卷三十九《地理志三》，第 665 頁。
〔註37〕《新唐書》卷三十九《地理志三》，第 665 頁。
〔註38〕《新唐書》卷三十九《地理志三》，第 665 頁。
〔註39〕魏博鎮在大曆十年（775 年）曾轄有磁州，在中和二年（882 年）至三年（883 年）曾轄有懷、孟二州，因管轄時間較短，故在此未列出。
〔註40〕《資治通鑒》卷二百一十九《至德元載》第 7005 頁載：十月，「（史思明）又使其將康沒野波將先鋒攻平原，兵未至，顏真卿知力不敵，壬寅，棄郡渡河南走。」
〔註41〕《資治通鑒》卷二百一十九《至德二載》第 7017 頁記載：正月，「（王玄志）又遣兵馬使董秦將兵以葦筏渡海，與大將田神功擊平原、樂安，下之。」
〔註42〕《資治通鑒》卷二百二十《乾元元年》第 7053 頁記載：三月，「安慶緒之北走也，其平原太守王暟、清河太守宇文寬皆殺其使者來降；慶緒使其將蔡希德、安太清攻拔之，生擒以歸。」

轄有安德、蓨、平原、平昌、將陵、安陵、長河等縣，治於安德縣。

蓨縣：永泰元年（765 年），蓨縣改隸於冀州〔註43〕。

滄州：763 年～775 年屬魏博鎮。開元十八年（730 年），滄州始隸於幽州鎮。天寶元年（742 年），改為景城郡。十四載（755 年）十一月，陷於安祿山，十二月收復。至德元載（756 年）十月，陷於安祿山政權〔註44〕，改為滄州。乾元元年（758 年）正月，收復〔註45〕。二年（759 年），陷於史思明政權，改為景城郡。上元元年（760 年），收復，仍改為滄州，改隸於淄沂鎮。寶應元年（762 年）改隸於淄青鎮，廣德元年（763 年）改隸於魏博鎮。大曆十年（775 年）十月，成德節度使李寶臣、幽州節度使朱滔進攻滄州，魏博節度使田承嗣為了離間李寶臣與朱滔，將滄州割讓給成德鎮。

轄有清池、長蘆、魯城、鹽山、饒安、樂陵、無棣、弓高、南皮、景城、東光、臨津等縣，治於清池縣。

瀛州：763 年～775 年屬魏博鎮。廣德元年（763 年），瀛州始隸於魏博鎮，大曆十年（775 年）十一月，瀛州被幽州節度使朱滔奪取，改隸於幽州鎮。

轄有河間、樂壽、博野、平舒、高陽、束城六縣，治於河間縣。

樂壽縣：永泰年間（765～766 年），改隸於深州〔註46〕。

博野縣：永泰年間（765～766 年），改隸於深州〔註47〕。

洺州：775 年～782 年屬魏博鎮。洺州原隸於相衛鎮，大曆十年（775 年），為魏博節度使田承嗣所奪取，改隸於魏博鎮。建中三年（782 年）正月，魏博節度使田悅叛亂，田昂以洺州歸降朝廷，洺州改隸於昭義鎮。

轄有永年、雞澤、洺水、肥鄉、清漳、曲周、平恩等縣，治於永年縣〔註48〕。

〔註43〕《新唐書》卷三十九《地理志三》，第 668 頁。

〔註44〕《資治通鑑》卷二百一十九《至德元載》第 7005 頁記載：十月，「（史思明）又陷景城，太守李暐赴湛水死。」

〔註45〕《冊府元龜》卷一百六十四《帝王部・招懷第二》第 1829 頁記載：「（至德）三年正月庚子，滄州刺史烏知洽、延王傅樊澄並背逆歸順，知洽為雒（洺）州刺史。」至德三年即為乾元元年。

〔註46〕《舊唐書》卷三十九《地理志二》，第 1506 頁。

〔註47〕《新唐書》卷三十九《地理志三》，第 668 頁。

〔註48〕洺州的臨洺縣一直不屬魏博鎮控制，洺州隸於魏博鎮期間，臨洺縣改隸於邢州。

圖 7-1　魏博鎮轄區圖（763 年）

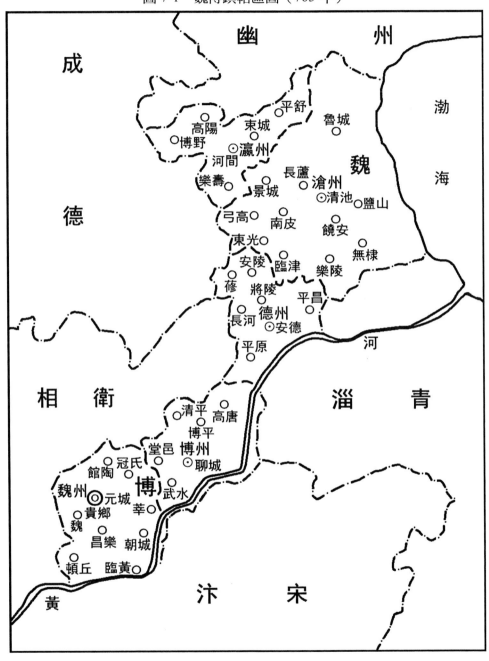

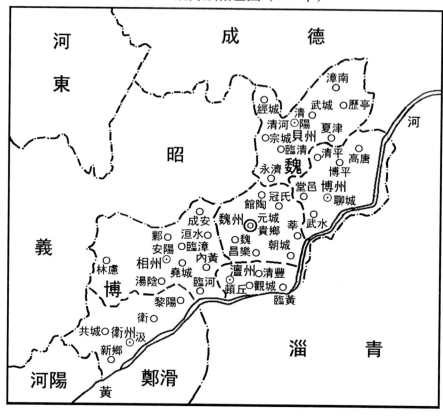

圖 7-2　魏博鎮轄區圖（812 年）

第二節　成德鎮

　　成德鎮又稱恆冀鎮、鎮冀鎮，是河朔三鎮中割據時間最久的藩鎮，也是最穩定的一個藩鎮。乾元二年（759 年），安史叛軍集團首領史思明任命張忠志為恆陽節度使。寶應元年（762 年），張忠志（李寶臣）歸降朝廷，被任命為成德軍節度使，正式建立成德鎮。此後，成德鎮先後經歷李氏、契丹王氏、回鶻王氏、張氏的割據。建中年間，成德鎮王武俊自稱趙王，後去王號。後梁龍德二年（晉天祐十九年，922 年），成德鎮為河東鎮晉王李存勗所滅，割據時間長達一百六十年。

　　張建寧先生的碩士論文《從〈李寶臣紀功碑〉看成德軍的早期發育》對成德鎮早期政治軍事體制進行了研究〔註49〕。付先召先生的《成德鎮轄區變化對

〔註49〕張建寧：《從〈李寶臣紀功碑〉看成德軍的早期發育》，碩士學位論文，中央民族大學歷史系，2007 年。

唐後期政局的影響》一文對成德鎮的轄區進行了探討〔註50〕。

一、成德鎮的轄區沿革

成德鎮的建置沿革為：恆陽節度使（759～762）—成德軍節度使（762～782）—恆冀都團練觀察使（782）—成德軍節度使（784～905）—武順軍節度使（905～910）—成德軍節度使（910～922）。

成德鎮的前身為安史叛軍集團建置的恆陽鎮，轄有恆、趙、易、定、深五州。節度使李寶臣歸順朝廷後，恆陽鎮改為成德鎮，並增領冀州。李氏割據時期，成德鎮增領滄州。建中之亂後，成德鎮的轄區較為穩定。契丹王氏割據時期，成德長期轄有恆、冀、深、趙、德、棣六州。回鶻王氏割據時期，成德鎮長期轄有鎮、冀、深、趙四州。

（一）恆陽節度使的建置

成德鎮的前身為恆陽節度使，是安史之亂期間叛軍集團建置的一個藩鎮。

安史叛軍首領史思明稱帝之後，於乾元二年（759 年）任命部將張忠志為恆陽節度使，轄有恆、趙、易、定、深五州，治於恆州。《舊唐書》記載：「及史思明復渡河，偽授（張）忠志工部尚書、恆州刺史、恆趙節度使，統眾三萬守常山。」〔註51〕《資治通鑒》也記載：寶應元年（762 年）十一月，「恆陽節度使張忠志以趙、恆、深、定、易五州降於河東節度使辛雲京。」〔註52〕這裡的關鍵在於，「史思明復渡河」發生於何時？史料記載，乾元二年（759 年）九月，史思明以其子史朝清留守范陽，自己率軍南下，攻陷洛陽。因此，「史思明渡河」的時間其實就是乾元二年（759 年）。由此可知，恆陽節度使建置於乾元二年。

至於恆陽節度使當時的轄區，除了《資治通鑒》的記載外，還有諸多的記載。如《李寶臣紀功碑》就記載：「（五年）夏四月……公主五州之侯……克諧五州，允奉如一。」〔註53〕這裡所說的「公」即指張忠志（李寶臣），根據紀

〔註50〕付先召：《成德鎮轄區變化對唐後期政局的影響》，《河南師範大學學報》2013年第 2 期，第 106～110 頁。

〔註51〕《舊唐書》卷一百四十二《李寶臣傳》，第 3865 頁。

〔註52〕《資治通鑒》卷二百二十二《寶應元年》，第 7135 頁。

〔註53〕（清）董誥等編：《全唐文》卷四百四十《成德軍節度使開府儀同三司檢校尚書右僕射兼御史大夫恆州刺史充管內度支營田使清河郡王李公紀功載政頌並序》，第 4485 頁。

功碑的內容來看,「五年」是指張忠志出任恆州刺史的第五年,即指上元二年（761年）〔註54〕。

基於以上考述,恆陽節度使建置於乾元二年（759年）,轄有恆、趙、易、定、深五州。按史思明稱帝之後,改州為郡,五州分別為常山郡、趙郡、上谷郡、博陵郡、饒陽郡。

（二）成德鎮建置初期的轄區變革

寶應元年（762年）十一月,張忠志歸順朝廷,被任命為成德軍節度使,賜名為李寶臣。至此,成德鎮正式建立。《方鎮表三》記載:本年,「置成德軍節度使,領恆、定、易、趙、深五州,治恆州。」〔註55〕《資治通鑑》記載:本年十一月「丁酉,以張忠志為成德軍節度使,統恆、趙、深、定、易五州,賜姓李,名寶臣。初,辛雲京引兵將出井陘……寶臣乃撤守備,舉五州來降。」〔註56〕因此,成德鎮建置時轄有恆、定、易、趙、深五州,治於恆州。

廣德元年（763年）,成德鎮增領冀州。對此,《方鎮表三》有載。因此,成德鎮轄有恆、冀、定、易、趙、深六州。

大曆年間,成德鎮的轄區沿革主要有兩個相關事件。一是洀州的建而復廢,二是魏博節度使田承嗣之亂期間,成德鎮趁機取其滄州。

大曆三年（768年）三月,以恆州的行唐、靈壽二縣以及定州的恆陽縣建置洀州,治於行唐縣。因此,成德鎮增領洀州。大曆九年（774年）五月,洀州被廢除,行唐、靈壽二縣復隸於恆州,恆陽縣復隸於定州。《新唐書》記載:「大曆三年以（行唐）縣置洀州,又以靈壽及定州之恆陽隸之。九年州廢,縣還故屬。」〔註57〕

大曆十年（775年）,魏博節度使田承嗣發動叛亂,李寶臣響應朝廷的詔令,出兵討伐田承嗣。在朝廷的討伐下,田承嗣接連失利,其手下將領相繼以州、縣歸降朝廷。為了挽回敗局,田承嗣使用計謀離間李寶臣和幽州鎮的朱滔,於同年十月割滄州與李寶臣,讓李寶臣出兵攻打朱滔。《資治通鑑》記載:本

〔註54〕張建寧:《從〈李寶臣紀功碑〉看成德軍的早期發育》,碩士學位論文,中央民族大學歷史系,2007年,第18頁。

〔註55〕《新唐書》卷六十六《方鎮表三》,第1237～1252頁。下文同,不再引注。

〔註56〕《資治通鑑》卷二百二十二《寶應元年》,第7136頁。

〔註57〕《新唐書》卷三十九《地理志三》,第667頁。又見《舊唐書》卷十一《代宗本紀》第289頁、304頁記載:「（大曆三年三月）壬申,割恆州行唐縣置洀州,以靈壽、恆陽隸之。（大曆九年）五月庚戌,廢洀州。」

年十月，「（田）承嗣知范陽（李）寶臣鄉里，心常欲之……又令客說之曰……請以滄州歸公，仍願從公取范陽以自效……寶臣喜，謂事合符讖，遂與承嗣通謀，密圖范陽，承嗣亦陳兵境上。」〔註58〕

對於成德鎮取得滄州的時間，傳統史料均記載為大曆十年。如《新唐書》也記載：「（李）寶臣乃貳，反攻朱滔，與（田）承嗣和，承嗣與之滄州。」〔註59〕但《張光祚墓誌》卻記載：「大曆十一年冬，我師之下扶陽也，屬賊臣構患，軼我西鄙，公挺身抗節，以衛主君，義不全生，貞在必死。」〔註60〕這裡的「扶陽」即指滄州。根據墓誌內容來看，誌主張光祚為幽州節度留後朱滔的部將，幽州鎮攻下滄州後，成德鎮趁機襲擊幽州軍隊，奪取滄州，張光祚便是死於此役之中。張中澍先生據此在《張光祚瑣議》一文中認為，成德鎮奪取滄州的時間在大曆十一年。由於此觀點僅係孤證，在此仍暫且以大曆十年為準。因而，成德鎮至此轄有恆、冀、深、趙、易、定、滄七個州。

（三）建中之亂對成德鎮轄區的影響

建中年間，爆發了魏博、成德、幽州、淄青四鎮反叛朝廷的戰爭，史稱建中之亂。建中之亂對成德鎮的轄區產生了很大影響，經過此事件，成德鎮的轄區發生了較大變化。

建中二年（781年）正月，李寶臣去世，其子李惟岳繼位，向朝廷請為節度使，沒有得到允許，於是發動叛亂。在朝廷的討伐下，李惟岳不斷失利。同年九月，成德鎮將領張孝忠以易州降於朝廷。《新唐書》記載：建中二年，「於是張孝忠以易州歸天子。」〔註61〕

建中三年（782年）閏正月，成德鎮將領康日知以趙州降於朝廷。《資治通鑑》記載：本年閏正月，「（李）惟岳將康日知以趙州歸國。」〔註62〕隨後不久，李惟岳為部將王武俊所殺，成德鎮李氏割據結束。

同月，王武俊殺李惟岳之後，深州楊榮國以深州歸降於幽州節度留後朱滔。《資治通鑑》記載：本年閏正月，「深州刺史楊榮國，惟岳姊夫也，降於朱

〔註58〕《資治通鑑》卷二百二十五《大曆十年》，第7234頁。

〔註59〕《新唐書》卷二百一十《田承嗣傳》，第4520頁。

〔註60〕周紹良、趙超主編：《唐代墓誌彙編續集》大曆〇二九《唐故殿中監張君墓誌》，第711頁。

〔註61〕《新唐書》卷二百一十一《李惟岳傳》，第4535頁。

〔註62〕《資治通鑑》卷二百二十七《建中三年》，第7317頁。

滔。」〔註63〕同年二月，定州刺史楊政義以定州降於張孝忠。《舊唐書》記載：本年「二月戊午，（李）惟岳將定州刺史楊政義以州降。」〔註64〕

隨後，朝廷對平定李惟岳之亂的功臣進行封賞，分成德鎮為三鎮：易、定、滄三州為義武軍，治於定州，以張孝忠為義武軍節度使；以康日知為深趙都團練觀察使，治於趙州；王武俊為恆冀都團練觀察使，治於恆州。《資治通鑒》記載：本年二月「甲子，以張孝忠為易、定、滄三州節度使，王武俊為恆冀都團練觀察使，康日知為深趙都團練觀察使，以德、棣二州隸朱滔，令還鎮。」〔註65〕朝廷這樣分割成德鎮，其實是為了削弱成德鎮的實力。此時王武俊僅僅據有恆、冀二州之地。

王武俊既沒有得到節度使的稱號，又僅僅領有兩州，因此對朝廷很不滿。而且，幽州鎮朱滔也因為沒有得到深州而不滿。而魏博節度使田悅此刻面臨朝廷的討伐，已經陷入孤立無援的境地。他看出王武俊和朱滔對朝廷的不滿，於是派遣使者成功說服王武俊、朱滔。緊接著，三鎮結為聯盟，一同發動叛亂。

同年四月，朱滔為了穩固三鎮聯盟，主動將深州歸還給王武俊。《資治通鑒》記載：本年四月，王武俊「即遣判官王巨源使於（朱）滔，且令知深州事，相與刻日舉兵南向。」〔註66〕由此，王武俊共有恆、冀、深三州。

同年十一月，朱滔、王武俊、田悅、李納同時稱王。王武俊稱趙王，建立趙國，改恆州為真定府，作為都城。《舊唐書》記載：本年「十一月，（王）武俊使大將張鍾葵寇趙州，康日知擊敗之，斬首上獻。是日，武俊僭建國，稱趙王，以恆州為真定府，偽命官秩。」〔註67〕

經過兩年的時間，朝廷對各藩鎮的討伐沒有進展，無奈之下只好赦免王武俊等人的罪行。興元元年（784年）正月，王武俊去王號歸順朝廷，真定府復為恆州。朝廷於是正式任命王武俊為恆、冀、深、趙節度使，以趙州歸於王武俊。

同年五月，幽州節度使朱滔敗逃回幽州，幽州鎮治下的棣州刺史趙鎬以棣州降於王武俊。同時，王武俊還得到幽州鎮所轄的德州。次年，朝廷承認德、棣二州為成德鎮所有。《新唐書》記載：「即授（王）武俊長史，賜德、

〔註63〕《資治通鑒》卷二百二十七《建中三年》，第7319頁。
〔註64〕《舊唐書》卷十二《德宗本紀上》，第331頁。
〔註65〕《資治通鑒》卷二百二十七《建中三年》，第7319頁。
〔註66〕《資治通鑒》卷二百二十七《建中三年》，第7320～7321頁。
〔註67〕《舊唐書》卷一百四十二《王武俊傳》，第3873頁。

棣二州。」〔註68〕至此，成德鎮增轄有德、棣二州。賴青壽先生的《唐後期方鎮建置沿革研究》和付先召先生的《成德鎮轄區變化對唐後期政局的影響》均將成德鎮增領德、棣二州的時間置於貞元元年（785 年），其實不準確〔註69〕。

建中之亂前，成德鎮轄有恆、冀、易、定、深、趙、滄七州。經過建中之亂後，成德鎮轄有恆、冀、深、趙、德、棣六州。易、定二州和滄州則分別建置為義武鎮、橫海鎮。

（四）成德、淄青二鎮對棣州的爭奪

貞元年間，成德、淄青二鎮曾經對棣州進行了一次爭奪。棣州原本隸屬於淄青鎮，建中之亂時，朝廷將棣州劃歸幽州節度使朱滔。朱滔敗逃後，棣州刺史趙鎬歸附於成德鎮。

貞元六年（790 年）二月，趙鎬得罪成德節度使王武俊，以棣州降於淄青節度使李納。王武俊派長子王士真率兵攻打趙鎬，未能攻克。由於淄青鎮侵佔棣州，是受魏博節度使田緒的挑動。因此在同年五月，王武俊攻取魏博鎮貝州的經城等四縣。同年十二月，在朝廷的調解下，王武俊將經城四縣歸還魏博鎮，李納才將棣州歸還於成德鎮。

對於此次二鎮爭奪棣州的事件，《資治通鑒》有詳細記載：本年二月，「初，朱滔敗於貝州，其棣州刺史趙鎬以州降於王武俊，既而得罪於武俊，召之不至。田緒殘忍，其兄朝，仕李納為齊州刺史。或言納欲納朝於魏，緒懼；判官孫光佐等為緒謀，厚賂納，且說納招趙鎬取棣州以悅之，因請送朝於京師。納從之。丁酉，鎬以棣州降於納。三月，（王）武俊使其子士真擊之，不克。」五月，「武俊怒，遣其子士清伐貝州，取經城等四縣。」十一月，「上屢詔李納以棣州歸王武俊，納百方遷延，請以海州易之於朝廷。上不許。乃請詔武俊先歸田緒四縣，上從之。十二月，納始以棣州歸武俊。」〔註70〕

貞元八年（792 年），淄青節度使李納去世，其子李師古繼位。王武俊趁其初立之機，出兵屯集德、棣二州，準備奪取棣州的蛤埰和德州之南的三汊城。至於蛤埰和三汊城的意義，《資治通鑒》記載：「初，李納以棣州蛤埰有鹽利，

〔註68〕《新唐書》卷二百一十一《王武俊傳》，第 4540 頁。
〔註69〕賴青壽：《唐後期方鎮建置沿革研究》第六章第三節《恆冀（成德軍）節度使沿革》，第 108 頁。又見付先召：《成德鎮轄區變化對唐後期政局的影響》，《河南師範大學學報》2013 年第 2 期，106～110 頁。
〔註70〕《資治通鑒》卷二百三十三《貞元六年》，第 7520～7522 頁。

城而據之。又成德州之南三汊城，以通田緒之路。」〔註71〕唐德宗「遣中使諭止之，武俊乃還。」其後，又「命李師古毀三汊城，師古奉詔。」〔註72〕這才結束了成德、淄青二鎮對蛤垛、三汊的爭奪。

（五）元和年間成德鎮轄區的變革

元和年間，唐憲宗致力於革除藩鎮割據的問題，前後幾度對成德鎮用兵，最終迫使成德節度使王承宗歸順於朝廷，並割出德、棣二州。

元和四年（809 年），成德節度使王士真去世，其子王承宗自稱成德留後。朝廷卻想要趁著王士真去世這個機會，革除河北諸鎮世襲的弊病。最後朝廷要求王承宗割讓出德、棣二州，才允許王承宗承襲節度使。王承宗最初同意獻出德、棣二州，於同年九月被朝廷任命為成德軍節度使、恆冀深趙四州觀察使。德、棣二州則另置保信軍，德州刺史薛昌朝為保信軍節度使、德棣二州觀察使。

隨後，魏博節度使田季安從中挑撥，派人對王承宗說，薛昌朝是因為與朝廷相通才被授予節度使的。王承宗於是派兵進入德州，將薛昌朝抓到真定囚禁起來，繼續控制著德、棣二州。朝廷於是下詔討伐王承宗，但是卻久無功績。《資治通鑒》記載：元和四年九月「庚戌，以（王）承宗為成德軍節度、恆、冀、深、趙州觀察使，德州刺史薛昌朝為保信軍節度、德、棣二州觀察使……田季安得飛報，先知之，使謂承宗曰：『昌朝陰與朝廷通，故受節鉞。』承宗遽遣數百騎馳入德州，執昌朝至真定，囚之。」〔註73〕

元和五年（810 年）七月，朝廷討伐王承宗將近一年，仍然沒有取得較大的成果，於是便妥協，下詔赦免王承宗之罪，並承認德、棣二州為王承宗所有。《資治通鑒》記載：本年七月「丁未，制洗雪承宗，以為成德軍節度使，復以德、棣二州與之。」〔註74〕因此這次朝廷分割出德、棣二州的措施並未得到徹底實行。

賴青壽先生的博論《唐後期方鎮建置沿革研究》和付先召先生的論文《成德鎮轄區變化對唐後期政局的影響》對保信軍節度使均有提及，但二者都認為保信軍在元和五年（810 年）才被廢除〔註75〕，忽略了德、棣二州在元和四年

〔註71〕《資治通鑒》卷二百三十四《貞元八年》，第 7538 頁。

〔註72〕《資治通鑒》卷二百三十四《貞元八年》《貞元九年》，第 7538、7543 頁。

〔註73〕《資治通鑒》卷二百三十八《元和四年》，第 7665 頁。

〔註74〕《資治通鑒》卷二百三十八《元和五年》，第 7677～7678 頁。

〔註75〕賴青壽：《唐後期方鎮建置沿革研究》第六章第三節《恆冀（成德軍）節度使沿革》，第 109 頁。又見付先召：《成德鎮轄區變化對唐後期政局的影響》，《河南師範大學學報》2013 年第 2 期，106～110 頁。

（809 年）仍被王承宗控制的實際情況。

元和十一年（816 年）正月，朝廷懷疑王承宗派人刺殺宰相武元衡和御史中丞裴度，再次下詔討伐王承宗。朝廷討滅淮西吳元濟後，王承宗很惶恐，於元和十三年（818 年）四月主動割讓德、棣二州獻於朝廷。《資治通鑒》記載：本年四月，「（王承宗）請以二子為質，及獻德、棣二州。」〔註 76〕因而，成德鎮罷領德、棣二州。

元和十五年（820 年）正月，唐穆宗李恆即位。為避李恆之諱，恆州改為鎮州。鎮州之名，或許是取自於鎮州州治真定縣的「真」字。《舊唐書》記載：本年正月，「改恆岳為鎮岳，恆州為鎮州。」〔註 77〕

同年，成德鎮王承元以其地歸於朝廷，成德鎮契丹王氏割據結束。因此，在契丹王氏割據成德鎮的末期，成德鎮僅轄有鎮、冀、深、趙四州。

（六）成德鎮轄區的穩定時期

在回紇王氏割據時期，成德鎮的轄區較為穩定，長期轄有鎮、冀、深、趙四州。

王承元以成德鎮歸順朝廷之後，朝廷改任魏博節度使田弘正為成德節度使。長慶元年（821 年）七月，成德鎮牙將王庭湊發動兵變，殺害田弘正，自稱成德節度留後，據有鎮、趙二州。八月，王庭湊派人殺冀州刺史王進岌，又奪取冀州。《資治通鑒》記載：本年七月「壬戌夜，（王）庭湊結牙兵噪於府署，殺弘正及僚佐、元從將吏並家屬三百餘人。庭湊自稱留後，逼監軍宋惟澄奏求節鉞。」八月，「癸酉，王庭湊遣人殺冀州刺史王進岌，分兵據其州。」〔註 78〕

同月，朝廷任命深州刺史牛元翼為深冀節度使，討伐王庭湊，同時詔令各鎮一併討伐。同年十月，朝廷又改任牛元翼為成德軍節度使。《資治通鑒》記載：本年八月「己卯，以深州刺史牛元翼為深冀節度使。」十月，「以牛元翼為成德節度使」〔註 79〕。

朝廷對王庭湊的討伐一直沒有進展，隨後魏博鎮也發生兵變。朝廷無力同時討伐河朔三鎮，於長慶二年（822 年）二月任命王庭湊為成德軍節度使。但是，王庭湊仍然把牛元翼圍困於深州城中。同年三月，牛元翼帶領十騎突

〔註 76〕《資治通鑒》卷二百四十《元和十三年》，第 7748～7749 頁。
〔註 77〕《舊唐書》卷十六《穆宗本紀》，第 476 頁。
〔註 78〕《資治通鑒》卷二百四十二《長慶元年》，第 7797 頁。
〔註 79〕《資治通鑒》卷二百四十二《長慶元年》，第 7798、7800 頁。

圍而走，王庭湊奪取深州。《資治通鑑》記載：本年「二月甲子，以（王）庭湊為成德節度使。」三月，「牛元翼將十騎突圍出，深州大將臧平等舉城降。」〔註80〕

其後，成德鎮一直轄有鎮、冀、深、趙四州，基本上沒有發生什麼變化。

寶曆二年（826年），橫海軍節度使李全略去世，其子李同捷謀求承襲節度使，沒有得到朝廷允許，於是發動叛亂。其後，朝廷討伐李同捷，王庭湊卻出兵幫助李同捷叛亂。大和二年（828年）九月，朝廷再次下詔討伐王庭湊。

大和三年（829年）四月，朝廷平定了李同捷的叛亂。此時，王庭湊控制了橫海鎮下轄的景州。面對朝廷的討伐，王庭湊於同年六月歸順朝廷，並主動向朝廷獻出景州。《新唐書》記載：王庭湊「表上景州，而弓高、樂陵、長河三縣固守，復上書謝。帝方厭兵，赦之，悉復官爵，還所上州。」〔註81〕《資治通鑑》記載：本年六月，「河東節度使李程奏得王庭湊書，請納景州。」〔註82〕至此，成德鎮仍然轄有鎮、冀、深、趙四州之地。

進入五代十國之後，成德鎮雖然先後已經歸附於後梁、晉，實際上仍然割據一方。

天祐二年（905年），梁王朱溫改成德軍為武順軍。《資治通鑑》記載：本年十月「癸丑，更名成德軍曰武順。」〔註83〕

後梁開平四年（910年），魏博節度使羅紹威去世後，後梁太祖朱溫想要徹底消滅武順、義武二鎮的割據。同年十一月，「上（朱溫）遣供奉官杜廷隱、丁延徽監魏博兵三千分屯深、冀，聲言恐燕兵南寇，助趙守禦……未幾，廷隱等閉門盡殺趙成兵，乘城拒守。」〔註84〕說明後梁派遣杜廷隱等人佔據了深州城、冀州城。

隨後，武順節度使王鎔向河東節度使晉王李存勖求救，李存勖率大軍救援。武順軍自此復為成德軍，王鎔復稱成德軍節度使。乾化元年（911年）正月，晉、成德、義武三方聯軍與梁軍大戰於趙州柏鄉縣境內。梁軍大敗，死傷無數。後梁杜廷隱等人聽聞梁軍兵敗，棄深、冀二州而去，深、冀二州復為成德鎮所有。《資治通鑑》記載：開平四年十一月，「（晉王）乃發兵，遣周德威

〔註80〕《資治通鑑》卷二百四十二《長慶二年》，第7808、7813頁。
〔註81〕《新唐書》卷二百一十一《王廷湊傳》，第4543頁。
〔註82〕《資治通鑑》卷二百四十四《太和三年》，第7865頁。
〔註83〕《資治通鑑》卷二百六十五《天祐二年》，第8650頁。
〔註84〕《資治通鑑》卷二百六十七《開平四年》，第8728頁。

將之，出井陘，屯趙州……自是鎮、定復稱唐天祐年號，復以武順為成德軍。」乾化元年正月，「梁之龍驤、神捷精兵殆盡，自野河至柏鄉，僵屍蔽地……杜廷隱等聞梁兵敗，棄深、冀而去。」〔註85〕至此，成德鎮再次轄有鎮、冀、深、趙四州。

直至後梁龍德元年（晉天祐十八年，921 年），王鎔為義子張文禮所殺，河東節度使晉王李存勗出兵討伐張文禮。同年八月，攻取趙州，張文禮去世，其子張處瑾接掌鎮州。對此，《資治通鑒》記載：龍德元年八月「甲子，晉兵拔趙州，刺史王鋌降，晉王復以為刺史，（張）文禮聞之，驚懼而卒。」〔註86〕

後梁龍德二年（晉天祐十九年，922 年）九月，晉軍最終攻克鎮州，成德鎮滅亡。

綜上所述，成德鎮的轄區變化可以總結如表 7-2 所示。

表 7-2　成德鎮轄區統計表

時期	轄區總計	會府	詳細轄區
759 年～762 年	5 郡	常山郡	常山、趙、饒陽、博陵、上谷
763 年～768 年	6 州	恆州	恆、趙、深、定、易、冀
768 年～774 年	7 州	恆州	恆、趙、深、定、易、冀、泜
774 年～775 年	6 州	恆州	恆、趙、深、定、易、冀
775 年～781 年	7 州	恆州	恆、趙、深、定、易、冀、滄
781 年～782 年	6 州	恆州	恆、趙、深、定、冀、滄
782 年～783 年	1 府 2 州	真定府	真定府、冀、深
784 年～790 年	6 州	恆州	恆、冀、深、趙、德、棣
790 年	5 州	恆州	恆、冀、深、趙、德
791 年～818 年	6 州	恆州	恆、冀、深、趙、德、棣
818 年～819 年	4 州	恆州	恆、冀、深、趙
820 年～821 年	4 州	鎮州	鎮、冀、深、趙
821 年～822 年	3 州	鎮州	鎮、趙、冀
822 年～922 年	4 州	鎮州	鎮、冀、深、趙

〔註85〕《資治通鑒》卷二百六十七《開平四年》《乾化元年》，第 8729、8736 頁。
〔註86〕《資治通鑒》卷二百七十一《龍德元年》，第 8868 頁。

二、成德鎮下轄州縣沿革

乾元二年（759 年），建置恆陽節度使，轄有恆、趙、深、易、定五州，治恆州。寶應元年（762 年），成德鎮正式建立，次年增領冀州。大曆三年（768 年），增置泒州，大曆九年（774 年）廢泒州。大曆十年（775 年），成德節度使李寶臣取得滄州。

建中三年（782 年），成德鎮李氏割據結束後，成德鎮被分為成德、義武、深趙三鎮。興元元年（784 年），深趙鎮廢除，成德鎮轄有恆、冀、深、趙四州。同年，成德節度使王武俊取得德、棣二州，成德鎮因而轄有恆、冀、深、趙、德、棣六州。

元和十三年（818 年），成德節度使王承宗割德、棣二州與朝廷，成德鎮僅轄有四州。元和十五年（820 年），恆州改稱鎮州。其後長達一百年的時間裏，成德鎮轄有鎮、冀、深、趙四州，幾乎沒有發生變化。

（一）成德鎮長期轄有的州

鎮州（恆州）： 762 年～922 年屬成德鎮，為會府。開元二十年（732 年），恆州始隸於幽州鎮。天寶元年（742 年），改為常山郡。十四載（755 年）十一月，陷於安祿山，十二月收復。至德元載（756 年）正月，陷於安祿山政權，改為恆州。二月，收復，仍改為常山郡。三月，改為平山郡。九月，又陷於安氏政權，改為恆州〔註87〕。二載（757 年）十二月，降唐，仍改為常山郡。乾元元年（758 年），復為恆州。同年十月，又叛。二年（759 年），屬史思明政權，改為常山郡，置恆陽節度使。寶應元年（762 年）十一月，恆陽節度使張忠志歸順朝廷，被任命為成德軍節度使，常山郡改為恆州。建中三年（782 年）二月，廢成德節度使，置恆冀都團練觀察使。同年十一月，王武俊稱趙王，建立趙國，改恆州為真定府，作為都城。興元元年（784 年），王武俊歸順朝廷，受任成德節度使，真定府復為恆州。元和十五年（820 年），唐穆宗李恆繼位，

〔註87〕《資治通鑑》卷二百一十七《天寶十四載》第 6936 頁記載：十一月，「（安）祿山至藁城，常山太守顏杲卿力不能拒，與長史袁履謙往迎之。」第 6946～6949 頁記載：十二月，「於是河北諸郡響應，凡十七郡皆歸朝廷，兵合二十餘萬；其附祿山者，惟范陽、盧龍、密雲、漁陽、汲、鄴六郡而已。」同書卷二百一十七《至德元載》第 6952～6954 頁記載：正月「壬戌，（常山）城陷」；二月「己亥，（李光弼）至常山，常山團練兵三千人殺胡兵，執安思義出降。」同書卷二百一十八《至德元載》第 6995 頁記載：九月，「（史思明）又圍常山，旬日，城陷，殺數千人。」

為避其諱，恆州改為鎮州。天祐二年（905 年），成德軍節度使改為武順軍節度使，後梁開平四年（910 年）復為成德軍節度使。

轄有真定、藁城、靈壽、行唐、鼓城、欒城、九門、井陘、獲鹿、石邑、平山十一縣，治於真定縣。

藁城縣：天祐二年（905 年），避朱溫父朱誠之諱，改為藁平縣〔註88〕，開平四年（910 年），王鎔歸附晉王，復為藁城縣〔註89〕。

靈壽縣：大曆三年（768 年），改隸於泒州。大曆九年（774 年），泒州廢，靈壽還隸於恆州〔註90〕。

行唐縣：大曆三年（768 年），以行唐縣置泒州，以恆州靈壽縣、定州恆陽縣屬之。大曆九年（774 年），廢除泒州，行唐、靈壽二縣復隸於恆州，恆陽縣復隸於定州〔註91〕。

鼓城縣：原屬定州，大曆三年（768 年），割屬恆州〔註92〕。

欒城縣：原屬趙州，大曆三年（768 年），割屬恆州〔註93〕，天祐二年（905 年），避朱溫父朱誠之諱，改為欒氏縣，開平四年（910 年），王鎔歸附晉王，復為欒城縣〔註94〕。

平山縣：原為房山縣，至德元載（756 年）更名。

冀州：763 年～922 年屬成德鎮。開元二十年（732 年），冀州始隸於幽州鎮。天寶元年（742 年），改為信都郡。十四載（755 年）十一月，陷於安祿山，十二月收復。至德元載（756 年）正月，又陷於安祿山政權，改為冀州。三月，收復，仍改為信都郡。十月，又陷，改為冀州〔註95〕。二載（757 年）十二月，

〔註88〕《新唐書》卷三十九《地理志三》，第 667 頁。
〔註89〕（清）顧祖禹：《讀史方輿紀要》卷十四《北直五》第 604 頁記載：「藁城……天祐初，改為藁平。五代梁開平三年，趙王鎔附晉，復故。」按趙王王鎔附晉在開平四年，此記載時間不準確。
〔註90〕《新唐書》卷三十九《地理志三》，第 667 頁。
〔註91〕《新唐書》卷三十九《地理志三》，第 667 頁。
〔註92〕《舊唐書》卷三十九《地理志二》，第 1503 頁。
〔註93〕《舊唐書》卷三十九《地理志二》，第 1503 頁。
〔註94〕（清）顧祖禹：《讀史方輿紀要》卷十四《北直五》第 606 頁記載：「欒城……天祐初，更名欒氏，尋復故。」欒氏復為欒城，當在開平四年王鎔附晉之後。
〔註95〕《資治通鑑》卷二百一十七《至德元載》第 6952 頁記載：正月，「於是鄴、廣平、鉅鹿、趙、上谷、博陵、文安、魏、信都等郡復為賊守。」第 6959 頁記載：三月，「（賀蘭）進明攻信都郡，久之，不克；錄事參軍長安第五琦勸進明厚以金帛募勇士，遂克之。」同書卷二百一十九《至德元載》第 7005 頁記載：十月，「（史）思明引兵圍烏承恩於信都，承恩以城降。」

降唐，仍改為信都郡。乾元元年（758年），復為冀州。十月，陷於史思明。二年（759年），史氏政權改為信都郡。廣德元年（763年），歸唐，仍改為冀州，改隸於成德鎮。建中三年（782年）二月，改隸於恆冀都團練使。同年十一月，王武俊建趙國，冀州為其轄區。興元元年（784年），王武俊歸順朝廷，冀州復隸於成德鎮。長慶元年（821年）七月，成德牙將王庭湊割據鎮州。八月，朝廷任命牛元翼為深冀節度使，冀州隸之，但冀州實際在王庭湊的控制下。十月，廢深冀節度使，冀州復隸於成德鎮。

轄有信都、阜城、蓚、武強、衡水、南宮、武邑、棗強、堂陽九縣，治於信都縣。

信都縣：天祐二年（905年），改為堯都縣〔註96〕。

阜城縣：天祐二年（905年），為避朱溫父朱誠之諱，改為漢阜縣〔註97〕。

蓚縣：原屬德州，永泰元年（765年），改隸冀州〔註98〕。天祐三年（906年）四月，蓚縣為義昌軍節度使劉守文奪取，隨即被收復〔註99〕。

武強縣：原屬冀州，永泰元年（765年），改隸深州〔註100〕。據《元和郡縣志》記載，武強縣為冀州屬縣〔註101〕，可見至遲在元和初期（806～809年），武強縣又改隸於冀州。《新唐書》記載，武強縣在唐末又改隸於冀州，或許在元和之後武強縣又曾改隸於深州〔註102〕。

深州：762年～922年屬成德鎮。開元二十年（732年），深州始隸於幽州鎮。天寶元年（742年），改為饒陽郡。十四載（755年）十一月，陷於安祿山，十二月收復。至德元載（756年）十月，又陷於安祿山政權〔註103〕，改為深州。二載（757年）十二月，歸唐，仍改為饒陽郡。乾元元年（758年），改為深州。同年十月，陷於史思明。二年（759年），史氏政權改為饒陽郡，隸於恆

〔註96〕《新唐書》卷三十九《地理志三》，第668頁。
〔註97〕《新唐書》卷三十九《地理志三》，第668頁。
〔註98〕《新唐書》卷三十九《地理志三》，第668頁。
〔註99〕《資治通鑒》卷二百六十五《天祐三年》第8658頁記載：四月，「義昌節度使劉守文遣兵萬人攻貝州，又攻冀州，拔蓚縣，進攻阜城。時鎮州大將王釗攻魏州叛將李重霸於宗城。全忠遣歸救冀州，滄州兵去」。
〔註100〕《新唐書》卷三十九《地理志三》，第668頁。
〔註101〕（唐）李吉甫：《元和郡縣圖志》卷十七《河北道二》，第483頁。
〔註102〕《新唐書》卷三十九《地理志三》，第668頁。
〔註103〕《資治通鑒》卷二百一十九《至德元載》第7006頁記載：十月，「賊攻饒陽，彌年不能下，及諸郡皆陷，（史）思明並力圍之，外救俱絕，太守李系窘迫，赴火死，城遂陷。」

陽節度使。寶應元年（762 年）十一月，張忠志降唐，恆陽節度使改為成德節度使，饒陽郡仍改為深州，隸於成德鎮。建中三年（782 年）閏正月，深州為幽州節度使朱滔所取。隨後，朝廷將深州劃歸深趙都團練觀察使康日知，但康日知並沒有真正控制深州。朱滔發動叛亂後，於同年四月將深州歸於恆冀都團練使王武俊。同年十一月，王武俊建趙國，深州為其轄區。興元元年（784 年），王武俊歸順朝廷，冀州復隸於成德節度使。長慶元年（821 年）七月，成德牙將王庭湊割據鎮州。八月，朝廷於深州置深冀節度使，牛元翼為節度使。十月，改任牛元翼為成德軍節度使，仍治深州。長慶二年（822 年）三月，王庭湊受任成德節度使，奪取深州。

轄有陸澤、束鹿、饒陽、安平、博野、樂壽、下博七縣，治於陸澤縣。

博野縣：原屬瀛州，永泰中（765～766 年），改隸深州。元和十年（815年），又隸瀛州，後又改隸深州〔註104〕。

樂壽縣：原屬瀛州，永泰中（765～766 年）〔註105〕，改隸深州。元和十年（815 年），又隸瀛州，後又改隸深州〔註106〕。

下博縣：原屬冀州，永泰元年（765 年），改隸深州〔註107〕。

趙州：762 年～781 年、784 年～922 年屬成德鎮。開元二十年（732 年），趙州始隸於幽州鎮。天寶元年（742 年），改為趙郡。十四載（755 年）十一月，陷於安祿山，十二月收復。至德元載（756 年）正月，又陷於安祿山政權，改為趙州。同年四月，收復，仍改為趙郡。九月，又陷於安氏政權，改為趙州〔註108〕。二載（757 年）十二月，收復，改為趙郡。乾元元年（758年），復為趙州。同年十月，陷於史思明。二年（759 年），屬史思明政權，改為饒陽郡，隸於恆陽節度使。寶應元年（762 年）十一月，張忠志降唐，恆陽節度使改為成德節度使，趙郡仍改為趙州，隸於成德鎮。李惟岳叛亂後，

〔註104〕《新唐書》卷三十九《地理志三》，第 668 頁。
〔註105〕樂壽縣改隸於深州的時間，《新唐書》卷三十九《地理志三》第 668 頁作大曆中（766～779 年），當誤。《舊唐書》卷三十九《地理志二》第 1506 頁作永泰中（765～766 年），當是。
〔註106〕《新唐書》卷三十九《地理志三》，第 668 頁。
〔註107〕《新唐書》卷三十九《地理志三》，第 668 頁。
〔註108〕《資治通鑑》卷二百一十七《至德元載》第 6952 頁記載：正月，「於是鄴、廣平、鉅鹿、趙、上谷、博陵、文安、魏、信都等郡復為賊守。」第 6960 頁記載：四月「庚子，（官軍）攻趙郡；一日城降。」同書卷二百一十八《至德元載》第 6995 頁記載：九月「壬子，史思明圍趙郡，丙辰，拔之。」

成德鎮將領康日知於建中三年（782 年）以趙州歸順朝廷，受任深趙都團練觀察使，治於趙州。興元元年（784 年），王武俊歸順朝廷，被任命為成德節度使，深趙都團練觀察使廢除，趙州復隸於成德鎮。

轄有平棘、元氏、柏鄉、高邑、贊皇、昭慶、寧晉、臨城八縣，治於平棘縣。

臨城縣：天祐二年（905 年），為避朱溫父朱誠之諱，改為房子縣〔註109〕。

（二）成德鎮短期轄有的州

易州：762 年～781 年屬成德鎮。開元元年（713 年），易州始隸於幽州鎮。天寶元年（742 年），改為上谷郡。十四載（755 年）十一月，陷於安祿山，十二月收復。至德元載（756 年）正月，又陷於安祿山政權〔註110〕，改為易州。二載（757 年）十二月，收復，仍改為上谷郡。乾元元年（758 年），復為易州。同年十月，陷於史思明。二年（759 年），屬史思明政權，改為上谷郡，隸於恆陽節度使。寶應元年（762 年）十一月，張忠志降唐，恆陽節度使改為成德節度使，上谷郡仍改為易州，隸於成德鎮。建中二年（781 年），成德節度使李惟岳叛亂後，張孝忠以易州歸順朝廷，被任命為成德軍節度使，三年（782 年）改任為義武軍節度使。此後，易州隸屬於義武鎮。

轄有易、淶水、容城、遂城、滿城、五迴六縣，治於易縣。

定州：762 年～782 年屬成德鎮。開元二十年（732 年），定州始隸於幽州鎮。天寶元年（742 年），改為博陵郡。十四載（755 年）十一月，陷於安祿山，十二月收復。至德元載（756 年）正月，又陷於安祿山政權〔註111〕，改為定州。二載（757 年）十二月，收復，仍改為博陵郡。乾元元年（758 年），復為定州。同年十月，陷於史思明。二年（759 年），屬史思明政權，改為博陵郡，隸於恆陽節度使。寶應元年（762 年）十一月，張忠志降唐，恆陽節度使改為成德節度使，博陵郡仍改為定州，隸於成德鎮。建中三年（782 年），定州刺史楊政義以定州降於張孝忠。此後，定州隸屬於義武鎮。

轄有安喜、新樂、北平、陘邑、義豐、唐、望都、恆陽、無極、深澤等縣，

〔註109〕《新唐書》卷三十九《地理志三》，第 669 頁。
〔註110〕《資治通鑑》卷二百一十七《至德元載》第 6952 頁記載：正月，「於是鄴、廣平、鉅鹿、趙、上谷、博陵、文安、魏、信都等郡復為賊守。」
〔註111〕《資治通鑑》卷二百一十七《至德元載》第 6952 頁記載：正月，「於是鄴、廣平、鉅鹿、趙、上谷、博陵、文安、魏、信都等郡復為賊守。」

治於安喜縣。

恆陽縣：大曆三年（768 年），改隸於泜州。大曆九年（774 年），泜州廢，恆陽縣還隸於定州〔註 112〕。

泜州：768 年～773 年屬成德鎮。大曆三年（768 年），以恆州行唐縣、靈壽縣、定州恆陽縣置泜州，治於行唐縣，隸於成德鎮。大曆九年（774 年），泜州廢，行唐、靈壽二縣復隸於恆州，恆陽縣復隸於定州〔註 113〕。

轄有行唐、靈壽、恆陽三縣，治於行唐縣。

滄州：775 年～782 年屬成德鎮。滄州原隸於魏博鎮，大曆十年（775 年），魏博節度使田承嗣叛亂，遭到成德節度使李寶臣、幽州節度留後朱滔等人的討伐。為了離間李寶臣與朱滔，田承嗣將滄州割讓給成德鎮。建中三年（782 年），滄州改隸於義武鎮，不久建置為橫海鎮。

轄有清池、無棣、長蘆、弓高、魯城、南皮、鹽山、景城、饒安、東光、樂陵、臨津等縣，治於清池縣。

德州：784 年～818 年屬成德鎮。德州原隸於魏博鎮，大曆十年（775 年）為淄青節度使李正己奪取，改隸於淄青鎮。建中三年（782 年），淄青鎮李納叛亂，德州為幽州節度使朱滔所取，改隸於幽州鎮。興元元年（784 年），朱滔敗回幽州，德州被成德節度使王武俊奪取，改隸於成德鎮。元和四年（809 年），朝廷以德、棣二州建置保信軍節度使，治德州，但並未得到執行，德州仍隸於成德鎮。元和十三年（818 年），德州改隸於橫海鎮。

轄有安德、平原、平昌、將陵、安陵、長河等縣，治於安德縣。

棣州：784 年～818 年屬成德鎮。棣州原隸於淄青鎮，建中三年（782 年），淄青留後李納叛亂時，棣州被幽州節度使朱滔奪取，改隸於幽州鎮。興元元年（784 年），朱滔敗回幽州，棣州被成德節度使王武俊奪取，改隸於成德鎮。元和四年（809 年），朝廷將棣州劃歸保信軍節度使，但並未得到執行，棣州仍隸於成德鎮。元和十三年（818 年），棣州改隸於橫海鎮。

轄有厭次、滴河、陽信、蒲臺、渤海等縣，治於厭次縣。

〔註 112〕《新唐書》卷三十九《地理志三》，第 667 頁。
〔註 113〕《新唐書》卷三十九《地理志三》，第 667 頁。

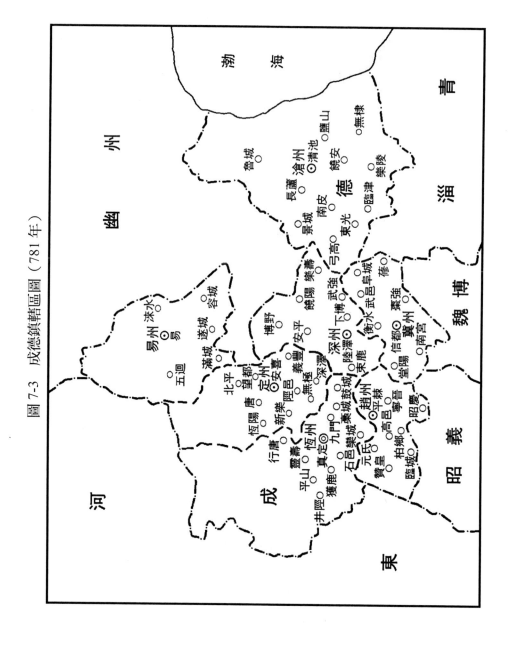

圖 7-3　成德鎮轄區圖（781 年）

圖 7-4　成德鎮諸轄區圖（801 年）

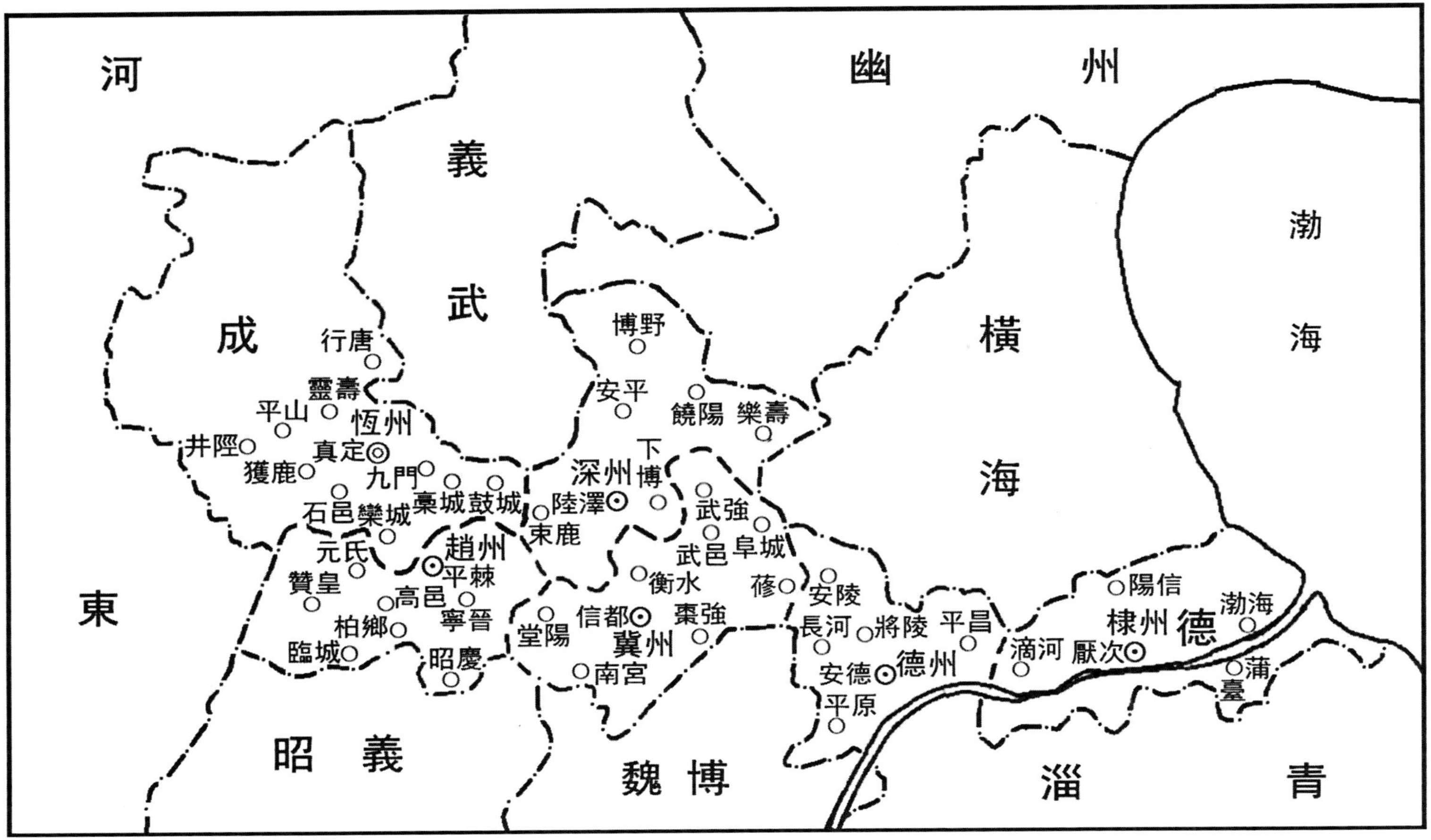

圖 7-5　成德鎮轄區圖（822 年）

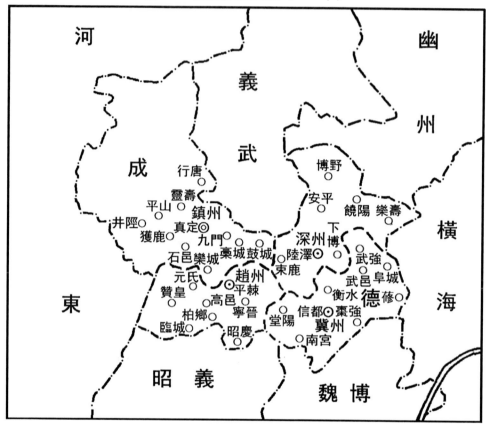

第三節　幽州鎮

　　幽州鎮建置時間較早，後曾改稱范陽鎮，是天寶十大節度使之一。范陽節度使安祿山發動叛亂之後，范陽鎮一直是叛軍的巢穴。營州平盧軍南遷之後，幽州節度使兼領盧龍軍節度使。因而，幽州鎮又稱為盧龍鎮。

　　安史之亂後，幽州鎮成為河朔三鎮之一，長期割據一方。建中年間，幽州節度使朱滔自稱冀王，建立政權，後去王號。五代初期，幽州節度使劉守光稱帝，建立燕國，後為河東節度使晉王李存勖所滅。

　　幽州鎮是河朔三鎮中內部政權更迭最為頻繁的一個藩鎮，內部兵變不斷發生，節度使頻頻易姓。從唐廣德元年（763 年）建立割據開始，到後梁乾化三年（燕應天三年，913 年）為李存勖所滅，幽州鎮總共割據一百五十年，經

歷多個家族的割據。

幽州鎮治於幽州，安史之亂前的轄區較廣，其後長期轄有幽、媯、莫、薊、平、營、檀、涿、瀛等州，唐末增置儒、順、新、武等州。學界對幽州鎮的地理情況研究相對較少，除了賴青壽的博士論文《唐後期方鎮建置沿革研究》、郭聲波的《中國行政區劃通史‧唐代卷》外，孫鈺紅的碩士論文《五代政區地理研究——燕晉地區部分》對唐末幽州鎮的轄區情況也有所涉及〔註114〕。

幽州鎮的建置沿革為：幽州節度使（713～742）—范陽節度使（742～763）—幽州盧龍軍節度使（763～782、784～911）。

一、早期幽州鎮的沿革

以安史之亂為界限，幽州鎮可以分為兩個階段，安史之亂前的幽州鎮稱為早期幽州鎮。這是因為，安史之亂前幽州已經建置有節度使，可以稱其為藩鎮，但並沒有形成一級行政區；安史之亂後，幽州鎮具有割據性質，且發展成為一級行政區。

幽州鎮建置時間較早，其建置主要是為了防禦奚和契丹。後來，幽州鎮曾改稱范陽鎮，是天寶年間十大節度使之一。范陽節度使安祿山發動叛亂後，幽州鎮為叛軍所據。

（一）早期幽州鎮的轄區沿革

幽州鎮始置於開元元年（713 年），最初轄有幽、易、平、檀、媯、燕六州，治於幽州。至於其建置時間，史籍記載不一。《唐會要》記載：「范陽節度使，先天二年二月，甄道一除幽州節度、經略、鎮守使。」〔註115〕而《方鎮表三》記載：開元元年（713 年），「幽州置防禦大使」；二年（714 年），「置幽州節度、諸州軍管內經略、鎮守大使，領幽、易、平、檀、媯、燕六州，治幽州。」〔註116〕在此以《唐會要》的記載為準。

開元七年（719 年），幽州鎮所轄的燕州改隸於平盧軍節度使。《方鎮表三》記載：本年，「升平盧軍使為平盧軍節度、經略、河北支度、管內諸蕃及營田

〔註114〕 孫鈺紅：《五代政區地理研究——燕晉地區部分》，碩士學位論文，復旦大學歷史系，2007 年，第 7～20 頁。

〔註115〕 （宋）王溥撰，牛繼清校證：《唐會要校證》卷七十八《諸使中》，第 1224 頁。

〔註116〕 《新唐書》卷六十六《方鎮表三》，第 1226～1233 頁。下文同，不再引注。

等使，兼領安東都護及營、遼、燕三州。」

開元十八年（730年），幽州鎮增領薊、滄二州，二十年（732年）又增領衛、相、洺、貝、冀、魏、深、趙、恆、定、邢、德、博、棣、莫、瀛十六州及安東都護府。《方鎮表三》記載：開元十八年，「幽州節度增領薊、滄二州」；二十年，「幽州節度使兼河北採訪處置使，增領衛、相、洺、貝、冀、魏、深、趙、恆、定、邢、德、博、棣、營、鄚十六州及安東都護府。」《資治通鑒》也記載：開元二十年，「是歲，以幽州節度使兼河北採訪處置使，增領衛、相、洛〔洺〕、貝、冀、魏、深、趙、恆、定、邢、德、博、棣、營、鄚十六州及安東都護府。」〔註117〕上述記載中，均提及營州，應該是「瀛州」之誤。〔註118〕因為營州當時是平盧軍節度使的治所，而瀛州地理位置處於以上諸州之間，必然也同時隸屬於幽州節度使。

至此，幽州鎮轄有幽、易、平、檀、媯、薊、滄、衛、相、洺、貝、冀、魏、深、趙、恆、定、邢、德、博、棣、莫、瀛二十三州和安東都護府。

天寶元年（742年），朝廷改州為郡，幽州鎮下轄的幽州改為范陽郡，易州改上谷郡，平州改北平郡，檀州改密雲郡，媯州改媯川郡，薊州改漁陽郡，滄州改景城郡，衛州改汲郡，相州改鄴郡，洺州改廣平郡，貝州改清河郡，冀州改信都郡，魏州改魏郡，深州改饒陽郡，趙州改趙郡，恆州改常山郡，定州改博陵郡，邢州改鉅鹿郡，德州改平原郡，博州改博平郡，棣州改樂安郡，莫州改文安郡，瀛州改河間郡。由於幽州改為范陽郡，幽州節度使也改稱為范陽節度使，幽州鎮此後改稱為范陽鎮。

同年（742年），范陽鎮增領順義、歸化二郡（即後來的順州和歸順州）。《方鎮表三》記載：天寶元年，「更幽州節度使為范陽節度使，增領歸順、歸德二郡。」唐代並沒有歸順郡，這裡的「歸順」當為「順義」之誤，順義郡即指順州。據《唐代墓誌彙編續集》中《王君墓誌》記載：「高祖父巖，果斷雄傑，懷帥士之性，因家薊門焉，今順義郡人矣……（誌主王徽）即以其載龍集癸卯，窆於故順州城北平原。」〔註119〕由這條記載可以看出，順義郡即後來

〔註117〕《資治通鑒》卷二百一十三《開元二十年》，第6799頁。

〔註118〕賴青壽先生的《唐後期方鎮建置沿革研究》第113頁只說《方鎮表》漏「瀛州」，未考證「營州」之誤。

〔註119〕周紹良、趙超主編：《唐代墓誌彙編續集》寶應○○三《王君墓誌》，第686頁。

的順州〔註 120〕。

至於歸德郡，實則是指燕州。前文已經提及，燕州開元七年（719 年）改隸於平盧軍節度使，此後一直隸於平盧軍。而這裡《方鎮表》所謂的「歸德」當為「歸化」之誤，歸化郡即指歸順州〔註 121〕。

按《方鎮表三》的記載，幽州鎮後來在廣德元年（763 年）罷領了順州、歸順州〔註 122〕，也可證明幽州鎮在此時增領的是順義、歸化二郡。

天寶年間，密雲郡改為廣陽郡。對此，史籍未有記載。但根據《舊唐書·安慶緒傳》記載：「（安）慶緒，祿山第二子也……未二十，拜鴻臚卿，兼廣陽太守。」〔註 123〕可知安慶緒曾任廣陽郡太守。《全唐文》卷三十三有唐玄宗《授安慶緒衛尉卿詔》，其記載：「銀青光祿大夫鴻臚卿員外置同正員兼廣陽郡太守同范陽節度副使上柱國柳城縣開國男安慶緒……可特進行衛尉卿兼廣陽太守，餘如故。」〔註 124〕其中提及安慶緒任「廣陽郡太守」。《冊府元龜》卷一百三十一《帝王部·延賞第二》稱此為天寶十二載（753 年）十二月詔。〔註 125〕《舊唐書·地理志二》記載：檀州（密雲郡）「燕樂（縣）：隋縣。後魏於縣置廣陽郡，後廢。」〔註 126〕基於以上考述。天寶十二載（753年）之前，密雲郡已改為廣陽郡。後來安史之亂期間，史氏燕國也置廣陽郡。據《大燕贈右贊善大夫段公夫人河內郡君溫城常氏墓誌銘》記載：「夫人之所天曰諱喜……前燕初，贈右贊善大夫，唐開元十九年奄已先逝……（夫人）享年八十四，以七月廿一日終於薊縣禮□□之私第。以其年十一月廿一日□殯於燕京城南（下泐），禮也。嗣子惟洽，位至廣陽郡太守。」此墓誌中提及「前燕（安氏燕國）」，因此此墓誌刻於史氏燕國時期〔註 127〕，從而可證史氏燕國也置有廣陽郡。

〔註 120〕 賴青壽先生在《唐後期方鎮建置沿革研究》第 113 頁認為順州為歸義郡，當誤。
〔註 121〕 賴青壽先生在《唐後期方鎮建置沿革研究》第 113 頁對此有詳細考證。
〔註 122〕 《新唐書》卷六十六《方鎮表三》記載：廣德元年，「（幽州節度使）罷領順、易、歸順三州。」
〔註 123〕 《舊唐書》卷二百上《安慶緒傳》，第 5372 頁。
〔註 124〕 （清）董誥等編：《全唐文》卷三十三《授安慶緒衛尉卿詔》，第 369 頁。
〔註 125〕 《冊府元龜（校訂本）》卷一百三十一《帝王部·延賞第二》，第 1433～1434頁。
〔註 126〕 《舊唐書》卷三十九《地理志二》，第 1519 頁。
〔註 127〕 彭文峰：《〈大燕贈右贊善大夫段〔公〕夫人河內郡君溫城常氏墓誌銘並序〉的繫年分析》，《宋史研究論叢》第十六輯，第 384～390 頁。

（二）安史之亂期間幽州鎮的沿革

天寶十四載（755年）十一月，范陽、平盧、河東三鎮節度使安祿山發動叛亂。

安祿山叛亂之後，范陽鎮成為叛軍的巢穴，一直被安史叛軍佔據。安祿山最初以部將賈循為范陽留後，不久賈循密謀歸順朝廷，為副將向潤客所殺。安祿山於是改任部將史思明為范陽節度使，因為史思明征戰在外，又以向潤客為范陽留守。

至德二載（757年）十二月，史思明歸降朝廷，被任命為范陽節度使（又稱河北節度使）。次年四月，史思明再次反叛朝廷。九月，史思明親率大軍南下，以其子史朝清守范陽，以阿史那承慶、高鞠仁輔之。乾元二年（759年）四月，史思明稱帝，以范陽為燕京。

上元二年（761年）三月，史思明之子史朝義弒殺其父，自行稱帝，派人殺害史朝清，以張通儒為燕京留守。不久，高鞠仁殺張通儒，與阿史那承慶相互攻伐，阿史那承慶敗逃潞縣，史朝義於是任命高鞠仁燕京兵馬使。但范陽卻大亂，「自春至夏，相殺者凡四五」〔註128〕。五月，史朝義以李懷仙為燕京留守、范陽尹、范陽節度使。李懷仙督兵馳入范陽，殺高鞠仁，才穩定了范陽。直至廣德元年（763年），李懷仙歸降朝廷。

安史之亂期間，朝廷方面仍然保持著范陽鎮的建置，曾先後任命封常清為范陽、平盧節度使，李光弼為范陽長史、河北節度使。在此期間，朝廷還數次對范陽鎮的轄區進行劃分。但幽州鎮當時被安史叛軍控制，朝廷對其轄區的劃分都是名義上的。乾元元年（758年），朝廷改郡為州，范陽鎮下轄各郡也改為州，范陽鎮復稱幽州鎮。另外，《方鎮表三》記載：上元二年（761年），「滄、德、棣三州隸淄沂節度，衛、相、貝、魏、博五州隸滑衛節度」；寶應元年（762年），「以恆、定、易、趙、深五州隸成德軍節度，邢州隸澤潞節度」。

綜上所述，幽州鎮建置於開元元年（713年），至德元載（756年）為安史叛軍所據。因此早期幽州鎮的轄區沿革可總結如表7-3所示。

〔註128〕姚汝龍撰：《安祿山事蹟》卷下，北京：中華書局，2006年，第112頁。

表 7-3　早期幽州鎮轄區統計表〔註 129〕

時　　期	轄區總計	會　府	詳細轄區
713 年～719 年	6 州	幽州	幽、易、平、檀、媯、燕
719 年～730 年	5 州	幽州	幽、易、平、檀、媯
730 年～732 年	7 州	幽州	幽、易、平、檀、媯、薊、滄
732 年～742 年	23 州 1 府	幽州	幽、易、平、檀、媯、薊、滄、衛、相、洺、貝、冀、魏、深、趙、恆、定、邢、德、博、棣、莫、瀛、安東都護府
742 年～753 年前	25 郡 1 府	范陽郡	范陽、上谷、北平、密雲、媯川、漁陽、景城、汲、鄴、廣平、清河、信都、魏、饒陽、趙、常山、博陵、鉅鹿、平原、博平、樂安、文安、河間、順義、歸化、安東都護府
753 年前～755 年	25 郡 1 府	范陽郡	范陽、上谷、北平、廣陽、媯川、漁陽、景城、汲、鄴、廣平、清河、信都、魏、饒陽、趙、常山、博陵、鉅鹿、平原、博平、樂安、文安、河間、順義、歸化、安東都護府

二、營州平盧鎮的沿革

平盧鎮最初建置在營州，與後來河南道東部的平盧鎮並不在同一區域。安史之亂期間，平盧節度使侯希逸率領平盧軍將士南遷至青州，營州的平盧鎮也因此廢除。

營州的平盧鎮始置於開元七年（719 年），當時領有營、遼、燕三州以及安東都護府。《方鎮表三》記載：開元七年，「升平盧軍使為平盧軍節度、經略、河北支度、管內諸蕃及營田等使，兼領安東都護及營、遼、燕三州」；二十八年，「平盧軍節度使兼押兩蕃（奚、契丹）、渤海、黑水四府經略處置使」〔註 130〕。由此記載及平盧鎮的地域可以看出，其主要職責是保衛東北邊疆地區的安全。

開元二十年（732 年），平盧節度使所轄的安東都護府改隸於幽州節度使。二十八年（740 年），平盧軍增領順化州。《方鎮表三》記載：開元二十年，「幽州節度使兼河北採訪處置使，增領衛、相、洺、貝、冀、魏、深、趙、恆、定、

〔註 129〕早期幽州鎮還轄有儒州（儒價州），詳見下文《幽州盧龍鎮的轄區沿革》中的考證。因儒州的始置時間暫時無法作出確切考證，且不知州改郡時郡名為何，故此表未將儒州（儒價州）錄入。

〔註 130〕《新唐書》卷六十六《方鎮表三》，第 1225～1233 頁。下文同，不再引注。

邢、德、博、棣、營、鄭十六州及安東都護府」；二十九年，「幽州節度副使領平盧軍節度副使，治順化州。」其中，由前一條記載可知，安東都護府改隸於幽州鎮；由後一條記載可知，平盧鎮增領順化州。

天寶元年（742 年），朝廷改全國各地的州為郡，營州改為柳城郡，燕州改為歸德郡。而遼州、順化州的郡名則不見記載。

天寶十四載（755 年）十一月，安祿山發動叛亂，以平盧節度副使呂知誨鎮守平盧鎮。安祿山的叛亂引起不少平盧鎮將士的不滿，至德元載（756 年）四月，平盧鎮將領劉客奴、董秦以及安東將領王玄志等人殺死呂知誨，歸順朝廷。朝廷知道後，任命劉客奴為平盧節度使，並賜名為「正臣」。同年六月，劉正臣率軍進攻范陽的叛軍，為史思明所敗。劉正臣敗回後，被安東都護王玄志毒殺。安祿山又任命徐歸道為平盧節度使，王玄志又與平盧鎮將領侯希逸殺死徐歸道，奪回平盧鎮。

乾元元年（758 年）二月，朝廷任命王玄志為平盧軍節度使。此後，平盧鎮一直堅持與叛軍作戰。同年，朝廷改郡為州，平盧軍下轄諸州恢復原州名。

同年十二月，王玄志去世，裨將李懷玉殺害王玄志之子，擁立侯希逸為帥。朝廷於是任命侯希逸為平盧軍節度副使，後又任命為節度使。此後，侯希逸與范陽的安史叛軍常年作戰。

上元二年（761 年）冬，平盧鎮因為常年得不到外部的援助，又被奚部族侵略。節度使侯希逸於是率二萬平盧軍，跨越渤海南下。至此，營州的平盧鎮才落入叛軍的手中。此後，朝廷以幽州節度使兼領盧龍軍節度使，營州平盧鎮的轄區併入幽州節度使管轄。

史籍對於營州平盧鎮下轄的遼、順化二州記載較少。安史之亂後，關於順化州的記載僅見一條。《舊唐書》記載：建中二年（781 年）夏四月「己亥，省燕州、順化州。」〔註131〕賴青壽先生的博論《唐後期方鎮建置沿革研究》中依據順化州與燕州在建中二年一併廢除，推測其應與燕州一同遷置於幽州地區。〔註132〕關於遼州，也沒有任何記載，應該是已經被廢除。

綜上所述，營州平盧鎮的變革情況可以總結如表7-4所示。

〔註131〕《舊唐書》卷十二《德宗本紀上》，第 329 頁。
〔註132〕賴青壽：《唐後期方鎮建置沿革研究》第六章第六節《幽州盧龍節度使沿革》，第 113 頁。

表 7-4 營州平盧鎮轄區統計表

時　　期	轄區總計	會　府	詳細轄區
719 年～732 年	3 州 1 府	營州	營、遼、燕、安東都護府
732 年～740 年	3 州	營州	營、遼、燕
740 年～742 年	4 州	營州	營、遼、燕、順化
742 年～758 年	4 郡	柳城郡	柳城、歸德、(遼州、順化州)〔註 133〕
758 年～761 年	4 州	營州	營、遼、燕、順化

三、幽州盧龍鎮的轄區沿革

　　安史之亂結束後，幽州節度使李懷仙歸順朝廷，但從此割據一方。此後，幽州節度使兼領盧龍軍節度使，合稱幽州盧龍軍節度使，有時簡稱為盧龍節度使。對此，馮金忠先生稱其為「幽州鎮二元體制」〔註 134〕。因而幽州鎮在安史之亂後又稱盧龍鎮。對幽州鎮的轄區變化的研究是一個難點，因為史籍對其記載很少，有些州縣的變化是很難考證的。

（一）幽州鎮割據初期的轄區沿革

　　廣德元年（763 年），李懷仙被朝廷任命為幽州盧龍軍節度使。通過《方鎮表三》的記載可知，幽州鎮當時轄有幽、媯、莫、薊、平、營、檀、燕、順化九州之地〔註 135〕。《資治通鑑》記載：廣德元年閏正月，「李懷仙仍故地為幽州、盧龍節度使」；五月「丁卯，制分河北諸州：以幽、莫、媯、檀、平、薊為幽州管。」〔註 136〕

　　安史之亂前，幽州鎮的轄區有幽、易、平、檀、媯、薊、滄、衛、相、洺、貝、冀、魏、深、趙、恆、定、邢、德、博、棣、莫、瀛、順、歸順二十五州和安東都護府。安史之亂後，安東都護府已經被廢除。除了改隸於其他藩鎮的州以外，還有幽、平、檀、媯、薊、莫、順、歸順八州。加上平盧軍南遷之後，其所轄的營、燕、順化三州也併入幽州鎮。

　　其中，順州、歸順州已經被廢除。其中，對於順州，《唐代墓誌彙編續集》

〔註 133〕遼州和順化州的郡名不詳，在此仍以州記之。
〔註 134〕馮金忠：《唐代河北藩鎮研究》第一章《唐代河北藩鎮組織結構》，北京：科學出版社，2012 年，第 7～19 頁。
〔註 135〕《新唐書》卷六十六《方鎮表三》，第 1225～1252 頁。下文同，不再引注。
〔註 136〕《資治通鑑》卷二百二十二《廣德元年》，第 7141、7143 頁。

中《王君墓誌》記載：「高祖父巍，果斷雄傑，懷帥士之性，因家薊門焉，今順義郡人矣⋯⋯（誌主王徽）即以其載龍集癸卯，窆於故順州城北平原。」〔註137〕這裡的「其載龍集癸卯」即指廣德元年（763 年）。由「故順州城」的表述可以看出，順州此時已經被廢除。《方鎮表三》記載：廣德元年，「（幽州節度使）罷領順、易、歸順三州。」根據順、歸順二州的地理位置來看，二州若繼續存在，必定隸屬於幽州鎮。幽州鎮罷領二州，應當是因為二州於此年被廢除。

史籍對於幽州鎮前期轄有燕州、順化州的記載很少。平盧軍南遷後，其轄區併入幽州鎮，燕、順化二州就應該是隸屬於幽州鎮的。其次，根據燕州當時的地理位置來看，也應該是屬幽州鎮管轄的。

《新唐書》對燕州有如下記載：「幽都，望。本薊縣地。隋於營州之境汝羅故城置遼西郡，以處粟末靺鞨降人。武德元年曰燕州，領縣三：遼西、瀘河、懷遠。土貢：豹尾。是年，省瀘河。六年自營州遷於幽州城中，以首領世襲刺史。貞觀元年省懷遠。開元二十五年徙治幽州北桃谷山。天寶元年曰歸德郡⋯⋯建中二年為朱滔所滅，因廢為縣。」〔註138〕《舊唐書》也有對燕州的記載：建中二年（781 年）夏四月「己亥，省燕州、順化州。」〔註139〕

由此可知，燕州原本是羈縻州，粟末靺鞨首領世襲為刺史，廣德元年（763 年）幽州鎮建立割據之後，燕州僅轄有遼西縣，且治於遼西縣。建中二年（781 年），朱滔滅粟末靺鞨的世襲刺史，廢燕州，以其地置幽都縣。因此，在廣德元年（763 年）至建中二年（781 年）這段時間內，幽州鎮是轄有燕州的。

上文引述《舊唐書》的記載中提及，建中二年（781 年）四月同時廢除燕州、順化州。可以以此推斷，幽州鎮當時還轄有順化州。

另外，值得特別說明的是，幽州鎮境內還建置有儒州（儒價州）。對於儒州，兩《唐書》地理志均失載。《遼史》記載：「儒州，縉陽軍，中，刺史。唐置。後唐同光二年隸新州。」〔註140〕《文獻通考》卷三一六記載：「儒州，唐末置，石晉時沒於契丹，領縣一，縉山。」《舊五代史》也記載：「王思同，幽

〔註137〕 周紹良、趙超主編：《唐代墓誌彙編續集》寶應〇〇三《王君墓誌》，第 686 頁。

〔註138〕 《新唐書》卷三十九《地理志三》，第 670～671 頁。

〔註139〕 《舊唐書》卷十二《德宗本紀上》，第 329 頁。

〔註140〕 （元）脫脫：《遼史》卷四十一《地理志五》，北京：中華書局，1974 年，第 511 頁。

州人也。父敬柔，歷瀛、平、儒、檀、營五州刺史。」〔註141〕

　　賴青壽先生的《唐後期方鎮建置沿革研究》沒有提及幽州鎮轄有儒州，而孫鈺紅的碩論《五代政區地理研究——燕晉地區部分》中考證，儒州大約建置於唐末〔註142〕。郭聲波《中國行政區劃通史・唐代卷》將儒州的建置時間置於光啟二年（886年）〔註143〕。

　　根據筆者考證，儒州當建置於開元二十一年（733年）之前。開元二十一年，幽州都督府長史薛楚玉奉命帶軍圍堵南下的契丹軍隊時，就曾提及儒州。《全唐文》卷三百五十二樊衡《為幽州長史薛楚玉破契丹露布》記載：「奚王李詩與內供奉長上摺衝歸州刺史韓仙松、衙官段志忠等統其部屬，知虜掠北郡，長上折衝兼儒州都督烏承恩，與供奉將軍恩盧延賓、平盧軍攝副使遂城縣折衝桓善珍、經略軍副使政和府果毅楊元亨、軍前討擊副使果毅路順、清夷軍子將英樂府右果毅樊懷璧等四面雲合。」〔註144〕這裡提及「儒州都督烏承恩」，證實當時已有儒州。又見有《唐遂運磚志》記載：「大唐開元廿八年（740年）歲次庚辰三月一日丁亥，鄭州滎澤縣人遂運，前任汝州郟城府折衝，左降幽州開福府別將。鴇州身亡。夫人太原王氏，寄葬儒價州城東南一里坎上。」〔註145〕這裡提及「儒價州城」，「儒價州」與上一條「儒州」之記載有一字之差，或許儒州已經更名為儒價州。又見永泰二年（766年）的《大唐故云麾大將軍劉日用墓誌銘並序》記載：「有令季北郡使兼儒價州刺史、平州刺史、盧龍軍使、雲麾將軍、右武衛大將軍日政。」〔註146〕又有大和七年（833年）的《高霞寓玄堂銘》記載：高霞寓曾經「移防禦軍使，兼知儒等州事。」〔註147〕又見《唐白貴夫人墓誌》記載：「洎中和三年（883年）十月一日，遂遷葬於儒價城西南七里西橫渠村。」該墓誌銘中還有「悲風傍慘於儒城」的表述〔註148〕。根據以上記載推斷，在開元二十一年

〔註141〕《舊五代史》卷六十五《唐書・王思同傳》，第868頁。
〔註142〕孫鈺紅：《五代政區地理研究——燕晉地區部分》，碩士學位論文，復旦大學歷史系，2007年，第18頁。
〔註143〕郭聲波：《中國行政區劃通史・唐代卷》上編第四章《河北道》，第209頁。
〔註144〕（清）董誥等編：《全唐文》卷三百五十二《為幽州長史薛楚玉破契丹露布》，北京：中華書局，1983年版，第3570頁。
〔註145〕魯曉帆：《唐高霞寓玄堂銘考釋》，《首都博物館論叢》2017年刊，第1～15頁。
〔註146〕王伯軒：《唐劉日用墓誌考釋》，《北方民族考古》第7輯，第272～286頁。
〔註147〕郝本性：《隋唐五代墓誌彙編・河南卷》第105頁《高霞寓墓誌》，天津：天津古籍出版社，1991年12月第1版，第105頁。
〔註148〕楊程斌、戢徵：《新出土唐代白貴夫婦墓誌考疏》，《文物鑒定與欣賞》2018年2月上刊，第72～75頁。

（733 年）之前已有儒州的建置，開元廿八年（740 年）之前，儒州或許曾經改為儒價州，大和七年（833 年）之前復為儒州。儒州、儒價州的治所為儒價城。據《文獻通考》記載來看，儒價城後置縉山縣。

綜合以上考述，廣德元年（763 年），幽州鎮應當轄有幽、媯、莫、蓟、平、營、檀、燕、順化、儒價十州。

大曆四年（769 年），幽州節度使朱希彩奏以幽州的范陽、歸義、固安三縣建置涿州，治於范陽縣。《新唐書》記載：「涿州，上。大曆四年，節度使朱希彩表析幽州之范陽、歸義、固安置。」〔註149〕因而，幽州鎮增轄有涿州。

大曆十年（775 年），魏博節度使田承嗣發動叛亂，幽州留後朱滔響應朝廷號令，率軍討伐，同年十一月，田承嗣部將吳希光以瀛州降於朱滔。《資治通鑒》記載：本年，「十一月丁酉，田承嗣將吳希光以瀛州降。」〔註150〕自此，瀛州隸屬於幽州鎮。

建中二年（781 年）四月，燕、順化二州被廢除，幽州鎮罷領二州。對於二州的廢除問題，賴青壽先生的博論《唐後期方鎮建置沿革研究》也作出了考證。〔註151〕

（二）建中之亂對幽州鎮轄區的影響

建中二年，成德節度使李寶臣去世，其子李惟岳謀襲節度使之位，未得朝廷允許，遂與魏博節度使田悅、淄青節度使李正己發動叛亂。朱滔響應朝廷詔令，率軍討伐李惟岳。

建中三年（782 年）閏正月，李惟岳被部將王武俊殺死後，成德鎮治下的深州刺史楊榮國以深州降於朱滔。《資治通鑒》記載：本年閏正月，「深州刺史楊榮國，惟岳姊夫也，降於朱滔。」〔註152〕朱滔因此得以控制深州。

同年（782 年）二月，朝廷對平定李惟岳有功的人進行封賞。朝廷原本許諾，在討伐過程中誰攻下的州就歸誰所有，但此時卻將深州劃歸成德鎮降將趙州刺史康日知，把原隸屬於淄青鎮且已經歸降朝廷的德、棣二州劃歸朱滔。《資治通鑒》記載：本年二月，「以德、棣二州隸朱滔，令還鎮。」〔註153〕朱滔因

〔註149〕《新唐書》卷三十九《地理志三》，第 671 頁。

〔註150〕《資治通鑒》卷二百二十五《大曆十年》，第 7235 頁。

〔註151〕賴青壽：《唐後期方鎮建置沿革研究》第六章第六節《幽州盧龍節度使沿革》，第 113 頁。

〔註152〕《資治通鑒》卷二百二十七《建中三年》，第 7319 頁。

〔註153〕《資治通鑒》卷二百二十七《建中三年》，第 7319 頁。

為沒有得到深州而不滿，王武俊也因為沒有受封節度使而不滿。魏博節度使田悅趁機說服朱滔、王武俊發動叛亂。

同年（782年）四月，朱滔正式控制德、棣二州，將深州歸還給王武俊。《資治通鑑》記載：本年「四月，戊午，以（李）士真、（李）長卿為（德、棣）二州刺史。士真求援於朱滔，滔已有異志，遣大將李濟時將三千人聲言助士真守德州，且召士真詣深州議軍事，至則留之，使濟時領州事……滔反謀益甚，分兵營於趙州以逼康日知，以深州授王巨源。武俊以其子士真為恆、冀、深三州留後，將兵圍趙州。」〔註154〕

同年（782年）十一月，朱滔、王武俊、田悅、李納等人稱王。其中，朱滔稱冀王，被推舉為盟主，改幽州為范陽府，作為冀國都城。《舊唐書》記載：建中三年十一月，「（朱）滔以幽州為范陽府。」〔註155〕對於朱滔改幽州為范陽府之事，還可見於墓誌記載。《新中國出土墓誌‧北京（壹）下冊》一三《唐故朱府君（愿）墓誌銘》記載：「維建中四年龍集癸亥歲二月哉生朔，太保餘杭郡開國公薨□范陽府禮客里之私第。」〔註156〕根據墓誌內容來看，誌主朱愿為朱滔的堂兄弟。

興元元年（784年）五月，朱滔兵敗逃回范陽，德、棣二州被王武俊奪取。《方鎮表三》記載：貞元元年（785年），「成德軍節度增領德、棣二州。」但二州被王武俊奪取實際發生在興元元年。同年八月，朱滔上表向朝廷請罪，至此，范陽府復為幽州。

建中之亂期間，幽州鎮前後取得和失去德、棣二州。此後的三十多年，幽州鎮仍然轄有幽、媯、涿、瀛、莫、薊、平、營、檀、儒僙十州。

（三）分置瀛莫鎮

唐憲宗即位之後，採取削藩政策，陸續對多個藩鎮用兵，消除了淮西、淄青等藩鎮的割據勢力，迫使魏博、義武、滄景、成德等河北藩鎮納地歸順。

長慶元年（821年）三月，幽州節度使劉總迫於內外壓力，也放棄割據，歸順朝廷。為了削弱幽州鎮的實力，防止其再次出現割據，朝廷將其分割為二鎮：以幽、媯、檀、薊、平、營、涿、儒僙八州為幽州節度使轄區，又以瀛、

〔註154〕《資治通鑑》卷二百二十七《建中三年》，第7321～7322頁。
〔註155〕《舊唐書》卷一百四十一《田悅傳》載，第3845頁。
〔註156〕中國文物研究所、北京石刻藝術博物館編：《新中國出土墓誌‧北京（壹）下冊》一三《唐故朱府君（愿）墓誌銘》，北京：文物出版社，第2003年，第8頁。

莫二州建置瀛莫觀察使，治於瀛州。

但是，由於朝廷決策的失誤，以及幽州鎮地方勢力的反抗，造成幽州鎮再次恢復割據。同年（821年）七月，朱克融叛亂，幽州鎮再次實行割據，八月奪得瀛、莫二州。至此，瀛莫鎮廢除，幽州鎮轄有幽、媯、莫、薊、平、營、檀、涿、瀛、儒價十州。

對於瀛莫觀察使的建置，《資治通鑒》記載：本年，「瀛、莫為一道，請除權知京兆尹盧士玫為觀察使。」八月，「壬申，莫州都虞候張良佐潛引朱克融兵入城，刺史吳暉不知所在……丙子，瀛州軍亂，執觀察使盧士玫及監軍僚佐送幽州，囚於客館。」〔註157〕另外，《唐代墓誌彙編續集》有一篇《周元長墓誌銘》記載：「侍中入覲，因割瀛莫，置觀察廉使。盧公以君才實見知，署為牙將，兼永寧軍副……長慶初，瀛莫既復，節制朱公改授盧龍節度押衙。」〔註158〕墓誌記錄了瀛莫觀察使的建立和廢除，印證了史料的記載。

（四）增領燕、歸順二州

唐朝後期，幽州鎮的轄區變化比較繁瑣，尤其是唐末群雄爭戰時期，各個藩鎮的轄區都在不斷發生變化，而史籍對幽州鎮轄區的記載也都是模糊不清的，這就造成唐後期幽州鎮轄區變化的研究成為一個難點。

至遲在開成中（836～840年），幽州鎮增領燕州和歸順州。對此，賴青壽先生的博論《唐後期方鎮建置沿革研究》中沒有考證。但是，《唐代墓誌彙編續集》中有《周瓛墓誌銘》記載：「開成中，司徒鄴城公（史元忠）以公（周瓛）名重燕州。」〔註159〕《房山石經題記彙編》第一部分有《大唐雲居寺石經堂碑》記載：「經主正議大夫行太子率更令兼燕州刺史上柱國□□□借紫金魚袋李□□上經□條……咸通十五年（874年）四月八日送大般若第四百七十五卷。」〔註160〕前文提及，燕州原為羈縻州，在建中二年（781年）被廢除。由這兩處的記載可知，幽州鎮在後期又領有燕州。其中，前一條記載的年代是

〔註157〕以上記載均可見於《資治通鑒》卷二百四十一、卷二百四十二《長慶元年》，第 7792、7797～7798 頁。

〔註158〕周紹良、趙超主編：《唐代墓誌彙編續集》開成〇一四《故幽州盧龍節度都押衙銀青光祿大夫檢校太子賓客使持節檀州諸軍事檀州刺史兼殿中侍御史充威武軍團練使汝南周府君墓誌銘》，第 933 頁。

〔註159〕周紹良、趙超主編：《唐代墓誌彙編續集》大中〇五六《周府君墓誌銘》，第 1009～1010 頁。

〔註160〕北京圖書館金石組：《房山石經題記彙編》第一部分《碑和題記·大唐雲居寺石經堂碑》，北京：書目文獻出版社，1987 年，第 10 頁。

開成中（836～840 年），可知在開成年間就已經復置燕州。

對於歸順州，有以下的記載。《方鎮表三》記載：廣德元年（763 年），幽州鎮「罷領順、易、歸順三州」。由此記載來看，幽州鎮自割據以來就未轄有順州和歸順州。直至元和年間（806～820 年），史料都沒有關於幽州鎮轄有這兩個州的記載。由此來看，這兩個州在廣德元年（763 年）已經被廢除。而據《樂邦穗墓誌》記載：「（咸通）四年（863 年）秋七月，自武幕遙典歸順州……十二年（871 年）秋八月，剖竹於歸順州充營田等使，其官級等革也。」〔註161〕另外，《唐代墓誌彙編續集》中還有《董唐之夫人王氏合祔墓誌銘》記載：「以咸通十一年（870 年）五月廿一日歸祔於先府君之塋……女一人，適燕昭王之愛侄節度押衙、遙攝歸順州司馬、兼殿中侍御史張全納。」〔註162〕由此兩處記載可知，在唐後期又復置了歸順州。

另外，據前文考證，儒州或許曾經改為儒價州，大和七年（833 年）之前復為儒州。

（五）唐末李氏割據時期幽州鎮的轄區變化

唐末，幽州鎮成為河北道最強大的藩鎮，並參與藩鎮之間的兼併戰爭，這對幽州鎮的歷史發展和轄區變化都造成了一系列重大影響。李可舉、李匡威任幽州節度使時期，幽州鎮與河東鎮爭戰不斷，最終幽州鎮被河東節度使李克用攻取，成為河東鎮的附屬藩鎮。

中和三年（883 年），沙陀人李克用成為河東節度使之後，與義武節度使王處存交好。幽州節度使李可舉與成德節度使王鎔、雲州防禦使赫連鐸結為同盟，共同抵禦河東鎮。

光啟元年（885 年）三月，李可舉派部將李全忠率兵進攻義武鎮的易州，王鎔出兵進攻義武鎮的無極縣，赫連鐸出兵侵略河東鎮北部，以牽制李克用出兵。同年五月，李全忠攻取易州。但是，不久王處存就出兵奪回易州。《資治通鑒》記載：光啟元年五月，「盧龍兵攻易州，裨將劉仁恭穴地入城，遂克之……王處存夜遣卒三千蒙羊皮造城下，盧龍兵以為羊也，爭出掠之，處存奮擊，大破之，復取易州，李全忠走。」〔註163〕

〔註161〕魯曉帆：《唐樂邦穗墓誌考釋》，《北京文博》2009 年第 2 期，第 63～68 頁。

〔註162〕周紹良、趙超主編：《唐代墓誌彙編續集》咸通〇六八《董府君夫人合祔墓誌銘》，第 1086 頁。

〔註163〕《資治通鑒》卷二百五十六《光啟元年》，第 8322 頁。

李全忠兵敗後返回幽州，攻殺節度使李可舉，取而代之，成為幽州節度使。後來，李全忠死後，其子李匡威繼任為幽州節度使，仍然保持與成德、雲州二鎮的聯盟。

文德元年（888年），幽州節度使李匡威表奏建置新、武二州。或許也在此時，歸順州和燕州合併為順州。對於這幾個州的建置情況，下文進行詳細考述。

大順元年（890年）二月，河東節度使李克用出兵進攻雲州。李匡威與赫連鐸上表請求討伐李克用，同時宣武節度使朱溫也上表請求討伐李克用。朝廷擔心李克用勢力太大，同年五月下詔，以宰相張濬為主帥，朱溫為南面招討使，王鎔為東面招討使，李匡威為北面招討使，赫連鐸為其副將，率大軍討伐李克用。

同年（890年）九月，李匡威攻取河東鎮下轄的蔚州，俘獲刺史邢善益。赫連鐸也進攻遮虜平，殺軍使劉胡子。於是，李克用派遣部將李存信率兵抗擊李匡威、赫連鐸。李匡威、赫連鐸敗走，李匡威之子武州刺史李仁宗被俘獲。最後，張濬討伐李克用之戰以失敗告終。

據《新唐書》和《資治通鑒》等書記載，劉仁恭在李匡威在位時期曾經戍守蔚州，說明幽州鎮曾經佔據蔚州。蔚州原本隸屬於河東鎮，那麼蔚州在哪段時期內被幽州鎮佔據呢？史籍雖未明確記載，但根據一些記載可以做出一些推斷。《資治通鑒》記載：大順元年（890年）九月，「李匡威攻蔚州，虜其刺史邢善益……（李）克用以大軍繼其後，匡威、（赫連）鐸皆敗走，獲匡威之子武州刺史仁宗及鐸之婿，俘斬萬計。」〔註164〕這段記載說明，李匡威先進攻河東節度使治下的蔚州，隨後被李克用大軍打得敗逃，其子武州刺史李仁宗被河東鎮軍隊俘獲。《資治通鑒》又記載：景福元年（892年）四月，「李匡威出兵侵雲、代」，同年八月，「李克用北巡至天寧軍，聞李匡威、赫連鐸將兵八萬寇雲州」。〔註165〕這些記載都只提到雲、代二州，未提及蔚州。而蔚州較雲、代二州而言，離幽州鎮更近。這裡只提到李匡威侵犯雲、代，說明蔚州很可能在此之前就為李匡威所取。隨後，李克用又打敗李匡威，並追擊李匡威至天成軍，而天成軍正是在蔚州境內。景福二年（893年），「幽州將劉仁恭將兵戍蔚州，過期未代。」〔註166〕這說明，雖然李匡威數次被李克用打得敗逃，但幽

〔註164〕《資治通鑒》卷二百五十八《大順元年》，第8404～8405頁。
〔註165〕《資治通鑒》卷二百五十九《景福元年》，第8429、8435頁。
〔註166〕《資治通鑒》卷二百五十九《景福二年》，第8443頁。

州鎮卻仍控制著蔚州。

賴青壽先生的《唐後期方鎮建置沿革研究》一文認為，蔚州是隸屬於河東鎮的，不可能為幽州鎮轄區，故而斷言《資治通鑑》胡三省所注「幽州巡屬更有蔚、新、武三州」的記載是錯誤的。〔註167〕這明顯忽略了幽州鎮曾經奪取蔚州的史實。

大順二年（891年），河東節度使李克用攻取雲州，防禦使赫連鐸敗逃吐谷渾部。

景福二年（893年）二月，李克用大舉進攻成德鎮。李匡威率兵救援，在元氏縣擊退河東鎮的進攻。三月，李匡威返回幽州，但其弟李匡籌已經佔據幽州，自稱幽州節度留後。李匡威只好前往成德鎮投靠王鎔，不久因為與王鎔產生矛盾而被殺。

同年（893年）六月，李匡籌以為兄長李匡威復仇為名，進攻成德鎮的樂壽、武強等縣。至此，由於赫連鐸丟失雲州，幽州鎮與成德鎮結仇，三鎮之間的聯盟徹底瓦解。

其後，李匡籌出兵侵略河東鎮。乾寧元年（894年）十一月，李克用大舉進攻幽州鎮，很快攻下武州。十二月，李克用攻下新州，進攻媯州。李匡籌出兵居庸關，慘敗而歸。李匡籌見幽州失陷在即，棄幽州城逃往滄州，為義昌節度使盧彥威所殺。李克用順利進入幽州，兼併了幽州鎮〔註168〕。

李克用攻取幽州鎮之後，蔚州應該被李克用劃歸到河東節度使的管轄之下，因為蔚州原本是屬於河東鎮的。《舊五代史》記載，乾寧四年（897年）李克用討伐劉仁恭時，「師次蔚州」〔註169〕。這也印證了李克用確實是將蔚州劃歸於河東鎮。綜合上文考述可知，蔚州被幽州鎮佔據的時間是在大順元年（890年）末至乾寧元年（894年）末。

（六）增領新、武、順三州

通過史料記載可以發現，唐末幽州鎮還轄有新、武、順三州。

文德元年（888年），幽州節度使李匡威表奏建置新、武二州。對於新、武二州的建置時間，目前存在兩種觀點。賴青壽先生的博論《唐後期方鎮建

〔註167〕賴青壽：《唐後期方鎮建置沿革研究》第六章第六節《幽州盧龍節度使沿革》，第114頁。

〔註168〕本段記載均見於《資治通鑑》卷二百五十九《乾寧元年》，第8458～8459頁。

〔註169〕《舊五代史》卷二十六《唐書・武皇本紀下》，第355頁。

置沿革研究》認為，二州建置於乾寧元年（894 年）〔註170〕，郭聲波先生的巨作《中國行政區劃通史·唐代卷》則認為，二州建置於光啟二年（886 年）〔註171〕。筆者認為，兩種觀點都值得商榷。

據《資治通鑑》記載：大順元年（890 年）九月，「（李）克用以大軍繼其後，（李）匡威、（赫連）鐸皆敗走，獲匡威之子武州刺史仁宗及鐸之婿，俘斬萬計。」〔註172〕由這條記載可知，武州建置於大順元年之前。對於二州的建置時間，《讀史方輿紀要》記載為：「光啟中，置新州於此，幽州帥李匡威表置」。〔註173〕同書又記載：「光啟中，始置武州於此」。〔註174〕據此二處記載進一步知道，新、武二州建置於光啟年間（885～888 年）。

據張建設先生《唐代雄武軍考》一文來看，武州其實是由雄武軍建置而成，想必因此命名為武州。〔註175〕武州的州治文德縣，即今河北宣化，近年出土了一些雄武軍軍將及其家族的墓誌，其中一篇為《唐幽州雄武軍洪濃郡故楊公瑩記並序》，誌主楊釗於乾符六年（879 年）三月九日去世，同年四月葬於雄武軍城東南之原。〔註176〕由此說明當時雄武軍還未改置為武州。

武州下轄僅有一個文德縣，是與武州同時建置的。文德縣很可能是以年號為縣名，「文德」年號僅使用一年，即文德元年（888 年），也就是光啟四年（888 年），正好可以印證上述所謂「光啟中」的記載。據此可知武州、文德縣大致建置於此時。

基於以上考述，筆者認為，新、武二州建置於文德元年（888 年）。

另外，歸順州、燕州在唐後期合併為一州，改稱為順州。此順州與幽州鎮早期轄有的順州、歸順州並不是同一個州。孫鈺紅的碩論《五代政區地理研究——燕晉地區部分》中考證，五代的順州轄遼西、懷柔二縣。另外，《讀史方

〔註170〕賴青壽：《唐後期方鎮建置沿革研究》第六章第六節《幽州盧龍節度使沿革》，第 114 頁。

〔註171〕郭聲波：《中國行政區劃通史·唐代卷》上編第四章《河北道》，上海：復旦大學出版社，2012，第 208～209 頁。

〔註172〕《資治通鑑》卷二百五十八《大順元年》，第 8404～8405 頁。

〔註173〕（清）顧祖禹：《讀史方輿紀要》卷十七《北直八》，第 783 頁。

〔註174〕（清）顧祖禹：《讀史方輿紀要》卷十八《北直九》，第 792 頁。

〔註175〕張建設：《唐代雄武軍考》，《歷史地理》第 12 輯，上海人民出版社，1995 年版。

〔註176〕劉海文等：《河北宣化紀年唐墓發掘簡報》，《文物》2008 年第 7 期，第 23～48 頁。

興紀要》關於遼西廢縣有這樣的記載：「五代梁乾化三年，晉將周德威攻燕，拔順州，即此，遼廢縣而州如故。」由此可知，唐末順州轄有遼西縣，且州治也在遼西縣。遼西縣原本是燕州的州治，至此已併入順州。同書中關於懷柔縣還有這樣的記載：「乾元初，復為歸順州，治懷柔縣。遼廢歸順州，以縣屬順州。」〔註177〕「遼廢歸順州」的說法應當有誤，歸順州應該在唐朝就已經整合為順州，但是據此卻能說明唐末順州應該還轄有懷柔縣。因此，筆者認為，唐末的順州是由燕州、歸順州合併而來，轄有遼西、懷柔二縣，治於遼西縣。

《房山石經題記彙編》記載：「中和二年四月八日維那藥仁敬……隨使衙、遙攝歸順州刺史、銀青光祿大夫、檢校國子、兼御史大夫、上柱國韓好義。」〔註178〕這是關於歸順州記載的最晚時間。又據龍紀二年（即大順元年，890年）的《唐李殷輔墓誌》記載，其父李子遷「攝順州刺史」，李殷輔「以龍紀元年十一月四日遘疾終於絳州太平縣之驛舍，享年三十二」〔註179〕。據此來看，大順元年之時已有順州。因此，歸順州、燕州合併為順州當在中和二年（882年）至大順元年（890年）期間。按幽州節度使李匡威在文德元年（888年）表奏建置新、武二州，順州也極有可能形成於此時。

對於幽州鎮在唐末曾轄有順州的問題，賴青壽先生的《唐後期方鎮建置沿革研究》一文中認為，幽州鎮在廣德元年（763年）已經罷領，在唐末沒有復領。〔註180〕然而諸多史料記載均可證明，唐末五代初幽州鎮轄有順州。

（七）唐末劉氏割據前期幽州鎮的轄區變化

乾寧二年（895年）二月，河東節度使李克用返回河東鎮，以劉仁恭為幽州盧龍留後。同年八月，劉仁恭被任命為幽州盧龍節度使。其後，劉仁恭謀劃脫離河東鎮自立。乾寧四年（897年）八月，李克用率軍討伐劉仁恭。九月，幽州鎮軍隊在安塞軍境內大敗李克用軍，從此脫離河東鎮的控制。

光化元年（898年）三月，劉仁恭與義昌軍節度使盧彥威爭奪鹽利，派長子劉守文率軍進攻滄州，盧彥威棄城而逃。幽州鎮從而兼併義昌軍，取得其所轄的滄、景、德三州，以劉守文為義昌軍節度使。《資治通鑒》記載：本年三

〔註177〕以上兩處記載見於《讀史方輿紀要》卷十一《北直二》，第480、482頁。
〔註178〕北京圖書館金石組：《房山石經題記彙編》第二部分《大般若波羅密多經》，第182頁。
〔註179〕魯曉帆：《唐李殷輔墓誌考釋》，《收藏家》2019年第2期，第94～100頁。
〔註180〕賴青壽：《唐後期方鎮建置沿革研究》第六章第六節《幽州盧龍節度使沿革》，第113～114頁。

月，「（劉）仁恭遣其子守文將兵襲滄州，（盧）彥威棄城……仁恭遂取滄、景、德三州，以守文為義昌留後。」〔註181〕

光化二年（899年）正月，劉仁恭又企圖兼併河朔地區其他藩鎮，出兵十萬進攻魏博鎮，攻下貝州，接著進攻魏州。同年三月，朱溫出兵聯合魏博鎮把劉仁恭打得大敗而逃，劉仁恭也因此丟掉貝州。《資治通鑒》記載：本年，「劉仁恭發幽、滄等十二州兵十萬，欲兼河朔，攻貝州，拔之……仁恭進攻魏州，營於城北……朱全忠遣其將李思安、張存敬將兵救魏博……幽州兵大敗……仁恭父子燒營而遁。」〔註182〕

光化三年（900年），宣武節度使朱溫派大將葛從周率兵進攻劉仁恭。五月，葛從周攻取德州。九月，朱溫又派大將張存敬攻取瀛州，十月攻取景州、莫州。《資治通鑒》記載：本年，「朱全忠遣葛從周帥兗、鄆、滑、魏四鎮兵十萬擊劉仁恭，五月，庚寅，拔德州，斬刺史傅公和……九月……全忠喜，遣張存敬會魏博兵擊劉仁恭，甲寅，拔瀛州；冬，十月，丙辰，拔景州，執刺史劉仁霸；辛酉，拔莫州。」〔註183〕

此後的數年內，《資治通鑒》等史籍都沒有提到這幾個州的情況，但是後來在劉守文、劉守光兄弟爭戰的時候，又提及德州。在劉守光稱帝遭到李存勖討伐的時候，也相繼提及莫、瀛等州。說明在這之前，幽州鎮奪回了德、瀛、景、莫四州。

那麼，幽州鎮在什麼時候奪回的這幾個州呢？這個問題很難考證，只能根據《資治通鑒》的記載，大致做出一些推測。《資治通鑒》裏，從天復元年（901年）到天祐元年（904年），都沒有提及這四州。而在這數年間，朱溫在河北地區的勢力並沒有削弱的跡象，很可能這段時期內這幾個州還在朱溫的控制之下。天祐二年（905年）七月，「天雄牙將李公佺與牙軍謀亂，羅紹威覺之；公佺焚府舍，剽掠，奔滄州。」〔註184〕由魏博到滄州，需要經過德州，李公佺能夠順利地通過德州，說明德州很可能已經不在後梁的控制之下了。天祐三年（906年）四月，「義昌節度使劉守文遣兵萬人攻貝州，又攻冀州，拔蓚縣，進攻阜城。」〔註185〕劉守文要進攻貝州、冀州，應該要經過景州、德州，說明

〔註181〕《資治通鑒》卷二百六十一《光化元年》，第8515頁。
〔註182〕《資治通鑒》卷二百六十一《光化二年》，第8522～8523頁。
〔註183〕《資治通鑒》卷二百六十二《光化三年》，第8530、8535頁。
〔註184〕《資治通鑒》卷二百六十五《天祐二年》，第8644頁。
〔註185〕《資治通鑒》卷二百六十五《天祐三年》，第8658頁。

在此之前，幽州鎮很可能已經奪回這兩個州。所以筆者推斷，幽州鎮奪回德、景二州的時間應該大約在天祐二年（905年）左右。天祐三年（906年）八月，朱溫曾經發兵進攻滄州，圍困滄州城，直到同年閏十二月，劉仁恭與李克用合攻潞州，朱溫聞潞州不守，才解圍而去。史籍沒有記載在這期間朱溫是否攻佔德州、景州。至於瀛、莫二州，可能也是在天祐二年（905年）左右被幽州鎮奪回的。雖然查無實證，但是，天祐四年（907年）劉守光奪取父位之後，就忙於與其兄長劉守文爭戰，應該無暇顧及與朱溫軍作戰，史籍也並沒有提到瀛、莫二州。李存勗進攻劉守光的時候，提及瀛、莫二州，說明瀛、莫二州很可能在劉守光奪取父位之前就已經在幽州鎮的控制下了。因此，幽州鎮奪回瀛、莫二州的時間也大約在天祐二年（905年）。

天復三年（903年）五月，河東鎮雲州都將王敬暉殺刺史劉再立，以雲州歸降劉仁恭，河東節度使李克用派李嗣昭率兵討伐，劉仁恭出兵五萬救援王敬暉，李嗣昭退保樂安，王敬暉率軍棄城而去〔註186〕。

唐末，順州曾被河東節度使李克用奪取。據《新五代史》記載：「（郭威）父簡，事晉為順州刺史，劉仁恭攻破順州，簡見殺。」〔註187〕《舊五代史》又記載：「帝（郭威）生三歲，家徙太原，居無何，皇考為燕軍所陷，歿於王事。」〔註188〕郭威出生於天祐元年（904年），其虛歲三歲時當為天祐三年（906年）。因此，大約在天祐三年，幽州鎮從河東節度使李克用手中奪回順州。那麼順州是什麼時候被李克用奪取的呢？經過筆者的考證，認為順州是在天祐二年（905年）被李克用奪取的。據《遼史》記載：天祐二年「冬十月，太祖（阿保機）以騎兵七萬會（李）克用於雲州，宴酣，克用借兵以報劉仁恭木瓜澗之役，太祖許之。易袍馬，約為兄弟。及進兵擊仁恭，拔數州，盡徙其民以歸。」〔註189〕因此，筆者認為，天祐二年（905年）末，幽州鎮曾失去順州，同時失去的還有幽州鎮西北數州，具體的是哪幾個州，因為記載甚少，無從考證。大約在天祐三年（906年），幽州鎮又奪回這數州。

（八）燕政權的建立及其轄區變化

天祐四年（907年）四月，梁王朱溫手下將領李思安率兵進攻幽州鎮，直

〔註186〕以上記載見於《資治通鑑》卷二百六十四《天復三年》，第8608頁。
〔註187〕《新五代史》卷十一《周太祖本紀》，北京：中華書局，1974年，第109頁。
〔註188〕《舊五代史》卷一百一十《周書·太祖本紀一》，第1448頁。
〔註189〕（元）脫脫：《遼史》卷一《太祖本紀上》，第2頁。

抵幽州城下。史籍並沒有記載李思安沿途攻下了哪些州。很可能李思安沿途並沒有進攻其他州郡，只是率兵長驅直入，直指幽州。

劉仁恭的次子劉守光率兵擊退李思安之後，佔據幽州，自稱幽州節度使。接著，劉守光出兵大安山，將父親劉仁恭囚禁起來。同年十一月，義昌節度使劉守文得知父親被囚禁，率兵進攻幽州鎮。此後數年間，義昌鎮與幽州鎮實際互不統屬。

後梁開平三年（909年）五月，劉守光在雞蘇擊敗劉守文，並將其俘虜。滄州將領呂兗、孫鶴擁立劉守文之子劉延祚為義昌留後，抵禦劉守光對滄州的進攻。開平四年（910年）正月，劉延祚無力抵抗，向劉守光投降，結果和父親劉守文一併為劉守光所殺。

劉守光取得滄州後，以其子劉繼威為義昌節度使。至此，義昌鎮再次附屬於幽州鎮。

後梁乾化元年（911年）八月，劉守光稱帝，建立燕國，改年號為應天。《舊五代史》和《資治通鑒》都記載，劉守光稱帝當天，平州被契丹攻陷。《資治通鑒》記載：本年八月，「（劉）守光即皇帝位，國號大燕，改元應天……受冊之日，契丹陷平州，燕人驚擾。」〔註190〕

平州失陷不久，應該又被劉守光收復。因為《遼史》記載，後梁乾化二年（燕應天二年，912年）七月，契丹再次攻陷平州。據《遼史》記載：「剌葛破平州，還，復與迭剌、寅底石、安端等反。」〔註191〕平州再次被契丹攻陷之後，不久又被劉守光收復。因為《資治通鑒》記載：後梁乾化三年（燕應天三年，913年）四月，「晉劉光濬拔燕平州，執刺史張在吉。」〔註192〕這說明，平州在乾化三年仍然在燕國的統治下。

由以上記載可知，在後梁乾化元年（燕應天元年，911年）八月和乾化二年（燕應天二年，912年）七月，平州曾經兩度被契丹攻陷，但是不久都被幽州鎮收復。

劉守光稱帝之後，不久就遭到河東節度使晉王李存勗的討伐。在晉軍的討伐下，燕軍節節敗退。後梁乾化二年（燕應天二年，912年）正月，涿州刺史劉知溫以涿州歸降河東鎮。同年三月，義昌鎮治下的滄、景、德三州歸

〔註190〕《資治通鑒》卷二百六十八《乾化元年》，第8745頁。
〔註191〕（元）脫脫：《遼史》卷一《太祖本紀上》，第6頁。
〔註192〕《資治通鑒》卷二百六十八《乾化三年》，第8772頁。

降於後梁。

　　後梁乾化三年（燕應天三年，913 年）正月，劉守光失去順州。二月，失檀州。三月，失武州、儒州。四月，失平州。五月，失營州。七月，失莫州。八月，失瀛洲。九月，劉守光復取順州。十一月，晉軍攻克幽州城，劉守光出逃，不久被捕獲〔註193〕。

　　至此，燕政權滅亡，也標誌著幽州鎮割據勢力的覆滅。

　　綜上所述，幽州鎮割據之後的轄區變化可以歸納如表 7-5 所示。

表 7-5　幽州鎮轄區統計表

時　期	轄區總計	會府	詳細轄區
763 年～769 年	10 州	幽州	幽、媯、莫、薊、平、營、檀、燕、順化、儒媯
769 年～775 年	11 州	幽州	幽、媯、莫、薊、平、營、檀、燕、順化、儒媯、涿
775 年～781 年	12 州	幽州	幽、媯、莫、薊、平、營、檀、燕、順化、儒媯、涿、瀛
781 年～782 年	10 州	幽州	幽、媯、莫、薊、平、營、檀、儒媯、涿、瀛
782 年～784 年	1 府 11 州	范陽府	范陽府、媯、莫、薊、平、營、檀、儒媯、涿、瀛、德、棣
784 年～821 年	10 州	幽州	幽、媯、莫、薊、平、營、檀、儒媯、涿、瀛
821 年三月～八月	8 州	幽州	幽、媯、薊、平、營、檀、儒媯、涿
821 年～833 年前	10 州	幽州	幽、媯、莫、薊、平、營、檀、儒媯、涿、瀛
833 年前～約 838 年	10 州	幽州	幽、媯、莫、薊、平、營、檀、儒、涿、瀛
約 838 年～888 年	12 州	幽州	幽、媯、莫、薊、平、營、檀、儒、涿、瀛、燕、歸順〔註194〕

〔註193〕以上記載均可見於《資治通鑒》卷二百六十八《乾化二年》《乾化三年》，第8750～8778 頁。
〔註194〕開成年間（836～840 年），幽州鎮已經復置燕州，權且將歸順州復置的時間也算作此時。

888 年～890 年	13 州	幽州	幽、媯、莫、薊、平、營、檀、儒、涿、瀛、順、新、武
890 年～894 年	14 州	幽州	幽、媯、莫、薊、平、營、檀、儒、涿、瀛、順、新、武、蔚
895 年～898 年	13 州	幽州	幽、媯、莫、薊、平、營、檀、儒、涿、瀛、順、新、武
898 年～900 年	13 州	幽州	幽、媯、莫、薊、平、營、檀、儒、涿、瀛、順、新、武、（義昌：滄、景、德）〔註195〕
900 年～約 905 年	11 州	幽州	幽、媯、薊、平、營、檀、儒、涿、順、新、武、（義昌：滄）
約 905 年～907 年	13 州	幽州	幽、媯、莫、薊、平、營、檀、儒、涿、瀛、順、新、武、（義昌：滄、景、德）
907 年～910 年	13 州	幽州	幽、媯、莫、薊、平、營、檀、儒、涿、瀛、順、新、武
910 年～912 年	13 州	幽州	幽、媯、莫、薊、平、營、檀、儒、涿、瀛、順、新、武、（義昌：滄、景、德）
912 年～913 年	12 州	幽州	幽、媯、莫、薊、平、營、檀、儒、瀛、順、新、武

四、幽州鎮下轄州縣沿革

幽州鎮建置較早，又曾經稱為范陽鎮，安史之亂前，其轄區很廣，但並沒有形成一級行政區。安史之亂後，幽州鎮又稱為盧龍鎮，並發展為割據型藩鎮，長期割據於河北道地區，轄區屢有變化。幽州鎮割據之初，轄有幽、媯、莫、薊、平、營、檀、燕、順化、儒僙等州，後增領涿、瀛二州，罷領燕、順化二州。建中年間，幽州鎮曾經一度增領德、棣二州，後罷領。元和年間，幽州鎮仍轄有幽、媯、莫、薊、平、營、檀、涿、瀛、儒僙十州。

唐後期，幽州鎮增置燕、歸順、新、武、順等州。除此之外，幽州鎮還曾經佔據蔚州。劉仁恭、劉守光父子割據幽州鎮時期，又奪取義昌鎮，取得其下轄的滄、景、德三州。在其最強盛的時候，幽州鎮政權轄有幽、媯、莫、薊、平、營、檀、涿、瀛、順、新、武、儒、滄、景、德十六州。

〔註195〕光化元年（898 年）之後，義昌鎮為幽州鎮的附屬藩鎮，括號內的州表示義昌鎮所轄的州，下同。

（一）幽州鎮長期轄有的州

幽州：713 年～756 年、763 年～913 年屬幽州鎮，為會府。開元元年（713 年），幽州始置為幽州節度使。天寶元年（742 年），幽州改為范陽郡。十四載（755 年）十一月，陷於安祿山。至德元載（756 年），屬安祿山政權，改為范陽府。二載（757 年）十二月，安氏所署范陽節度使史思明歸唐，范陽府復為范陽郡。乾元元年（758 年），改為幽州。同年，史思明又叛亂，幽州復改為范陽府。二年（759 年），升為燕京。廣德元年（763 年），史氏所署范陽節度使李懷仙歸降唐朝廷，范陽府復為幽州，仍隸於幽州鎮，為會府。建中三年（782 年）十一月，幽州節度使朱滔稱冀王，建立冀國，改幽州為范陽府，作為都城。興元元年（784 年）八月，朱滔歸順朝廷，范陽府復為幽州。後梁乾化元年（911 年），幽州節度使劉守光稱帝，建立燕國，改元應天，以幽州為都城。後梁乾化三年（燕應天三年，913 年），劉守光為晉王李存勗所滅。

轄有薊、幽都、潞、武清、永清、安次、良鄉、昌平、廣平、玉河十縣，治於薊縣。

幽都縣：建中二年（781 年），幽州節度使朱滔奏請置幽都縣，管州郭下西界〔註 196〕。

廣平縣：後廢，其地省入薊縣。《讀史方輿紀要》記載：「幽州管內有廣平縣。天寶初分薊縣置。三載廢。至德以後，復分置，後又省入薊縣。」〔註 197〕

玉河縣：乾寧三年（896 年），幽州節度使劉仁恭分薊縣之地置玉河縣。《遼史》記載：「玉河縣，本泉山地，劉仁恭於大安山創宮觀，師煉丹羽化之術於方士王若訥，因割薊縣分置，以供給之。」〔註 198〕

涿州：769 年～913 年屬幽州鎮。大曆四年（769 年），幽州節度使朱希彩奏請於幽州范陽縣建置涿州，割幽州的范陽、歸義、固安三縣隸之，涿州隸於幽州鎮。

轄有范陽、新昌、歸義、固安、新城五縣，治於范陽縣。

范陽縣：原屬幽州，大曆四年（769 年）改置涿州，為州治〔註 199〕。

〔註 196〕《舊唐書》卷三十九《地理志二》，第 1516 頁。
〔註 197〕（清）顧祖禹：《讀史方輿紀要》卷十一《北直二》，第 444 頁。
〔註 198〕（元）脫脫：《遼史》卷四十《地理志四》，第 495 頁。
〔註 199〕《舊唐書》卷三十九《地理志二》，第 1517 頁。下文，新昌、歸義、固安、新城四縣的沿革也可見於此處記載。

新昌縣：大曆四年（769 年），分固安縣置縣，隸於涿州。

歸義縣：原本屬幽州管轄，大曆四年（769 年）改隸涿州。

固安縣：原本屬幽州管轄，大曆四年（769 年）改隸涿州。

新城縣：大曆四年（769 年）析置，隸涿州。

薊州：730 年～756 年、763 年～913 年屬幽州鎮。開元十八年（730 年），分幽州建置薊州，隸於幽州鎮。天寶元年（742 年），薊州改為漁陽郡。十四載（755 年）十一月，陷於安祿山。至德元載（756 年），屬安祿山政權，改為薊州。二載（757 年）十二月，降唐，仍改為漁陽郡。乾元元年（758 年），復為薊州。同年，又陷於史思明。二年（759 年），歸史氏政權，改為漁陽郡。廣德元年（763 年），歸唐，仍改為薊州，隸於幽州鎮。

轄有漁陽、三河、玉田三縣，治於漁陽縣。

瀛州：732 年～756 年、775 年～913 年屬幽州鎮。開元二十年（732 年），瀛州始隸於幽州鎮。天寶元年（742 年），改為河間郡。十四載（755 年）十一月，陷於安祿山。十二月，收復。至德元載（756 年）十月，又陷於安祿山政權，改為瀛州。二載（757 年）十二月，降唐，仍改為河間郡。乾元元年（758 年），復為瀛州。同年十月，又陷於史思明。二年（759 年），史氏改為河間郡。廣德元年（763 年），歸唐，仍改為瀛州，隸於魏博鎮。大曆十年（775 年）十一月，魏博節度使田承嗣叛亂，幽州節度使朱滔率軍討伐，奪取瀛州。自此，瀛州改隸於幽州鎮。長慶元年（821 年）三月，幽州節度使劉總歸順朝廷，朝廷分瀛、莫二州建置瀛莫觀察使，治於瀛州。同年八月，幽州鎮再次割據，奪取瀛、莫二州，二州復隸於幽州鎮。

轄有河間、高陽、平舒、束城、景城五縣，治於河間縣。

平舒縣：最遲在燕應天二年（912 年），平舒縣改稱大城縣〔註200〕。

景城縣：原屬滄州，大中後割屬瀛州〔註201〕。

莫州：732 年～756 年、763 年～913 年屬幽州鎮。開元二十年（732 年），莫州始隸於幽州鎮。天寶元年（742 年），改為文安郡。十四載（755 年）十一月，陷於安祿山。十二月，收復。至德元載（756 年）正月，又陷於安祿山政權，改為莫州。二載（757 年）十二月，降唐，仍改為文安郡。乾元元

〔註200〕 孫鈺紅：《五代政區地理研究燕晉地區部分》，碩士學位論文，復旦大學歷史系，2007 年，第 19 頁。

〔註201〕 《舊唐書》卷三十九《地理志二》，第 1514 頁。

年（758年），復為莫州。同年十月，又陷於史思明。二年（759年），史氏改為文安郡。廣德元年（763年），歸唐，仍改為莫州，隸於幽州鎮。長慶元年（821年）三月，改隸於瀛莫觀察使，同年八月復隸於幽州鎮。光化三年（900年），莫州為宣武節度使朱溫所取。其後，又被幽州節度使劉仁恭奪回。

轄有莫、清苑、文安、任丘、長豐、唐興六縣，治於莫縣。

檀州：713年～756年、763年～913年屬幽州鎮。開元元年（713年），檀州始隸於幽州鎮。天寶元年（742年），改為密雲郡。十二載（753年）之前，改為廣陽郡〔註202〕。十四載（755年）十一月，陷於安祿山。至德元載（756年），屬安氏政權，改為檀州。二載（757年）十二月，降唐，仍改為廣陽郡。乾元元年（758年），復為檀州。同年十月，陷於史思明。二年（759年），屬史氏政權，改為廣陽郡。廣德元年（763年），歸唐，仍改為檀州，隸於幽州鎮。

轄有密雲、燕樂二縣，治於密雲縣。

媯州：713年～756年、763年～913年屬幽州鎮。開元元年（713年），媯州始隸於幽州鎮。天寶元年（742年），改為媯川郡。十四載（755年）十一月，陷於安祿山。十二月，收復。至德元載（756年），又陷於安祿山政權，改為媯州。二載（757年）十二月，收復，仍改為媯川郡。乾元元年（758年），復為媯州。同年十月，陷於史思明。二年（759年），屬史思明政權，改為媯川郡。廣德元年（763年），歸唐，仍改為媯州，隸於幽州鎮。唐末，分媯州地建置新、武等州。

轄有懷戎、媯川二縣，治於懷戎縣。

媯川縣：唐後期被廢除，其地復入懷戎縣。

平州：713年～756年、763年～913年屬幽州鎮。開元元年（713年），平州始隸於幽州鎮。天寶元年（742年），改為北平郡。十四載（755年）十一月，陷於安祿山。至德元載（756年），屬安祿山政權，改為平州。二載（757年）十二月，收復，仍改為北平郡。乾元元年（758年），復為平州。同年十月，陷於史思明。二年（759年），屬史思明政權，改為北平郡。廣德元年（763年），歸唐，仍改為平州，隸於幽州鎮。

〔註202〕 密雲郡改為廣陽郡，未見史籍記載，詳見本節前文《早期幽州鎮的沿革》。

轄有盧龍、石城、馬城三縣，治於盧龍縣。

營州：763 年～913 年屬幽州鎮。開元七年（719 年），置平盧軍節度使，治於營州。天寶元年（742 年），營州改為柳城郡。十四載（755 年）十一月，陷於安祿山。至德元載（756 年），屬安祿山政權，改為營州。同年四月，收復，改為柳城郡。乾元元年（758 年），復為營州。上元二年（761 年），陷於史氏政權，改為柳城郡。廣德元年（763 年），歸唐，仍改為營州，隸於幽州鎮。

轄有柳城縣，治於柳城縣。

儒州：733 年前～913 年屬幽州鎮。開元二十一年（733 年）之前，已置儒州，治於儒價城，隸於幽州鎮。開元廿八年（740 年）之前，儒州或許曾經改為儒價州，大和七年（833 年）之前，復為儒州。

轄有縉山縣，治於縉山縣。

縉山縣：原為儒價城，為儒州（儒價州）治所，後置縉山縣。

（二）幽州鎮短期轄有的州〔註203〕

燕州：713 年～719 年、763 年～781 年、開成中～約 888 年屬幽州鎮。燕州原為粟末靺鞨的羈縻州，李氏世襲刺史。開元元年（713 年），燕州始隸於幽州節度使。七年（719 年），改隸於平盧節度使。二十五年（737 年），移州治於幽州北桃谷山。天寶元年（742 年），改為歸德郡。十四載（755 年）十一月，陷於安祿山。至德元載（756 年），屬安祿山政權，改為燕州。二載（757 年）十二月，降唐，仍改為歸德郡。乾元元年（758 年），復為燕州。同年十月，陷於史思明。二年（759 年），史氏改為歸德郡。廣德元年（763 年），歸唐，仍改為燕州，隸於幽州鎮。建中二年（781 年），幽州節度使朱滔廢除燕州。開成中（836～840 年），復置燕州，仍隸於幽州鎮。約文德元年（888 年），併入順州。

轄有遼西縣，治於遼西縣。

歸順州：742 年～756 年、約開成中～約 888 年屬幽州鎮。天寶元年（742 年），歸順州改為歸化郡，隸於幽州鎮。十四載（755 年）十一月，陷於安祿山。至德元載（756 年），屬安祿山政權，改為歸順州。二載（757 年）十二月，

〔註203〕 幽州鎮在建中三年（782 年）至興元元年（784 年）還曾轄有德、棣二州，在大順元年（890 年）至乾寧元年（894 年）曾轄有蔚州，因管轄三州時間較短，故在此未列出，可在成德鎮和河東鎮下轄州縣中查看。

降唐，仍改為歸化郡。乾元元年（758 年），復為歸順州。同年十月，陷於史思明。二年（759 年），史氏改為歸化郡。廣德元年（763 年），歸唐，州廢。大約在開成年間（836～840 年），復置歸順州，仍隸於幽州鎮。大約在文德元年（888 年），歸順州和燕州合併為順州。

據新、舊《唐書》記載，歸順州僅轄有懷柔縣，治於懷柔縣〔註 204〕。

新州：888 年～913 年屬幽州鎮。文德元年（888 年），幽州節度使李匡威分媯州地建置新州，隸於幽州鎮。

據《新唐書》記載，新州轄有永興、礬山、龍門、懷安四縣〔註 205〕。

武州：888 年～913 年屬幽州鎮。文德元年（888 年），幽州節度使李匡威以雄武軍建置武州〔註 206〕，隸於幽州鎮。

據《新唐書》記載，武州僅領有文德縣，治於文德縣〔註 207〕。

文德縣：文德元年（888 年）置，為武州州治。

順州：約 888 年～913 年屬幽州鎮。大約在文德元年（888 年），歸順州與燕州合併為順州，治於遼西縣。天祐二年（905 年）末，順州曾被河東節度使李克用奪取，大約在天祐三年（906 年），幽州鎮奪回順州。

轄有遼西、懷柔二縣，治於遼西縣。

遼西縣：《讀史方輿紀要》記載：「遼西廢縣……五代梁乾化三年，晉將周德威攻燕，拔順州，即此。」〔註 208〕

〔註 204〕　《舊唐書》卷三十九《地理志二》，第 1520 頁。又見於《新唐書》四十三下《地理志七下》，第 739 頁。
〔註 205〕　《新唐書》卷三十九《地理志三》，第 662 頁。
〔註 206〕　武州和文德縣的建置時間，詳見本節前文《幽州盧龍鎮的轄區沿革》。
〔註 207〕　《新唐書》卷三十九《地理志三》，第 662 頁。
〔註 208〕　（清）顧祖禹：《讀史方輿紀要》卷十一《北直二》，第 480 頁。

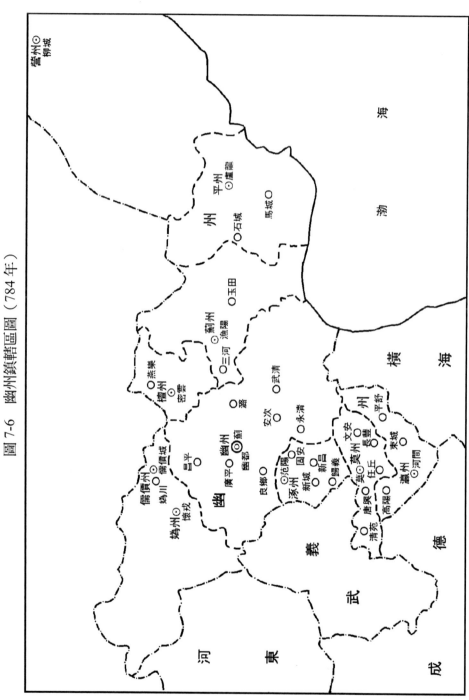

圖 7-6 幽州鎮轄區圖（784 年）

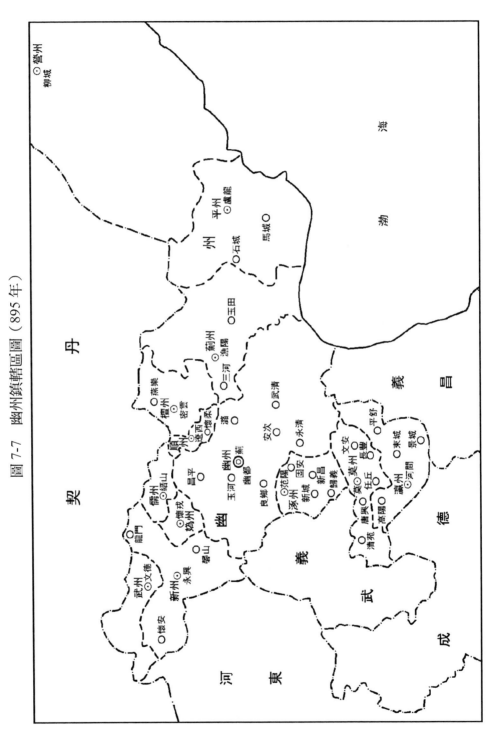

圖 7-7 幽州鎮轄區圖 (895 年)

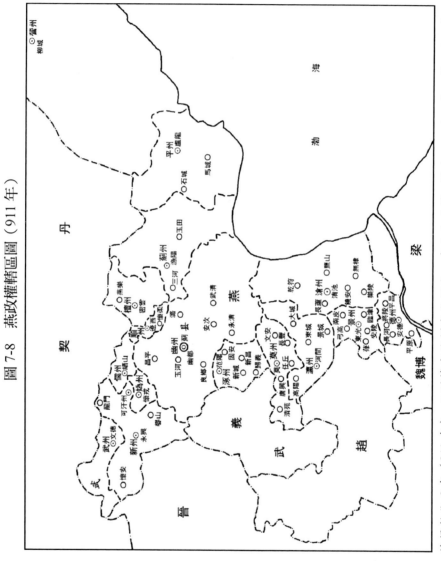

圖 7-8　燕政權轄區圖（911 年）

後梁乾化元年（911 年）、幽州節度使劉守光稱帝、建立燕政權、據有幽、莫、薊、平、營、檀、涿、瀛、順、新、武、儒、滄、景、德十六州。

第四節　相衛鎮

相衛鎮，是安史之亂後建置於河北道的一個藩鎮，軍號昭義軍，故而也稱為昭義鎮。廣德元年（763 年），朝廷任命薛嵩為相衛節度使，正式建立相衛鎮。薛嵩去世後，其弟薛崿接掌相衛鎮。大曆十年（775 年），魏博節度使田承嗣攻取相衛鎮大部分轄區，薛氏在相衛鎮的割據宣告結束。建中元年（780 年），昭義、澤潞合併為一個藩鎮。

一、相衛鎮的轄區沿革

相衛鎮的建置沿革為：鄴郡節度使（761～762）—相衛節度使（763～766）—昭義軍節度使（766～780）。

相衛鎮又稱為昭義鎮，長期轄有相、衛、洺、邢、貝、磁六州，治於相州。大曆十年（775 年），昭義鎮所轄的相、衛、洺、貝四州被魏博節度使田承嗣攻取，轄區僅剩下邢、磁二州，仍稱昭義鎮。其後，澤潞節度使兼領昭義節度使。建中元年（780 年），昭義鎮與澤潞鎮合併，邢、磁二州正式併入澤潞鎮。

（一）相衛鎮早期的轄區變革

相衛鎮的前身為安史叛軍集團建置的鄴郡節度使，建置於上元二年（761 年）。當時，叛軍首領史思明為其子史朝義所殺。史朝義為了籠絡部將，任命相州刺史薛嵩為鄴郡節度使。對于鄴郡節度使的建置及轄區，史籍記載較少。《資治通鑑》記載：寶應元年（762 年）十一月，「於是鄴郡節度使薛嵩以相、衛、洺、邢四州降於陳鄭、澤潞節度使李抱玉。」〔註209〕根據這條記載來看，鄴郡節度使當時應該轄有相、衛、洺、邢四州。

寶應元年（762 年），史朝義接連戰敗，敗亡之勢漸顯。十一月，薛嵩以相、衛、洺、邢四州投降大唐朝廷。除了上述記載，《新唐書·薛嵩傳》也記載：「豫安祿山亂，晚為史朝義守相州。僕固懷恩破朝義，長驅河朔，（薛）嵩震懼，迎拜軍門，懷恩釋之，奏為檢校刑部尚書、相衛洺邢等州節度使。」〔註210〕

廣德元年（763 年）閏正月，朝廷任命薛嵩為相衛節度使。對於相衛鎮當時的轄區，史籍記載錯誤較多。如《資治通鑑》記載：本年閏正月，「以史朝義降將薛嵩為相、衛、邢、洺、貝、磁六州節度使。」〔註211〕《方鎮表三》

〔註209〕《資治通鑑》卷二百二十二《寶應元年》，第 7135 頁。

〔註210〕《新唐書》卷一百一十一《薛仁貴傳·附薛嵩傳》，第 3302 頁。

〔註211〕《資治通鑑》卷二百二十二《廣德元年》，第 7141 頁。

也記載：本年，「置相衛節度使，治相州。是年，增領貝、邢、洺，號洺相節度。衛州復隸澤潞，未幾，復領，號相衛六州節度使。是年，增領河陽三城。澤潞節度增領懷、衛二州，尋以衛州還相衛節度。」〔註212〕這兩條記載均存在錯誤。其一，相衛鎮當時不可能轄有磁州，因為當時並未建置有磁州，這點將在下文提及。其二，河陽三城不是隸屬於相衛鎮的，而是隸屬於澤潞鎮的。

河陽三城靠近東都洛陽，地理位置十分重要。薛嵩是安史降將，雖然相對於河朔三鎮較為恭順，但仍然割據一方。因而，朝廷不可能將河陽三城劃歸相衛鎮管轄。據《資治通鑑》記載：廣德元年五月「丁卯，制分河北諸州……懷、衛、河陽為澤潞管。」〔註213〕由此可知，河陽三城當時是隸屬於澤潞鎮的〔註214〕。

通過上述分析可知，相衛鎮當時的轄區為相、衛、邢、洺、貝五個州。

永泰元年（765年）六月，薛嵩上表朝廷以相州的滏陽、洺州的邯鄲、武安等縣建置磁州。《舊唐書》記載：「永泰元年六月，昭義節度使薛嵩請於滏陽復置磁州，領滏陽、武安、昭義、邯鄲四縣。」〔註215〕至此，相衛鎮轄有相、衛、邢、洺、貝、磁六州。

根據史料記載來看，昭義節度使薛嵩以磁州滏陽縣為會府〔註216〕。《太平廣記》記載：「是時，至德之後，兩河未寧，以淦〔滏〕陽為鎮，命（薛）嵩固守，控壓山東。」〔註217〕另外，《薛嵩神道碑》記載：薛嵩於「大曆七年冬十有二月景寅薨於磁州。」〔註218〕薛嵩卒於磁州，從側面印證了相衛鎮治於磁州。

大曆元年（766年），朝廷賜相衛鎮軍號昭義軍，以薛嵩為昭義軍節度使。對此，《方鎮表三》有載。此後，相衛鎮也被稱為昭義鎮。

〔註212〕《新唐書》卷六十六《方鎮表三》，第1233頁。

〔註213〕《資治通鑑》卷二百二十二《廣德元年》，第7143頁。

〔註214〕陳翔：《關於唐代澤潞鎮的幾個問題》，碩士學位論文，陝西師範大學歷史系，2006年，第6頁。

〔註215〕《舊唐書》卷三十九《地理志二》，第1499頁。

〔註216〕張正田：《「中原」邊緣——唐代昭義軍研究》第二章《昭義軍之地理環境》，臺北：稻鄉出版社，2007年，第71頁。

〔註217〕（宋）李昉：《太平廣記》卷一九五《豪俠三·紅線》，北京：中華書局，1961年，第1460頁。

〔註218〕山西考古研究所：《山西碑碣》唐——五代《薛嵩碑》，太原：山西人民出版社，1997年2月，第108～109頁。

（二）田承嗣之亂對相衛鎮轄區的影響

大曆七年（772 年）十二月，昭義軍節度使薛嵩去世，其弟薛崿為昭義留後。魏博節度使田承嗣對相衛鎮轄區的侵奪，大致也就是開始於此時。貝州下轄的臨清縣，在大曆七年改隸於魏州，與此同時，田承嗣又奏於張橋店建置永濟縣〔註219〕。這塊地理區域此前都是相衛鎮的轄區，而在此時卻改隸於魏博鎮，很有可能是被田承嗣侵奪而去。

大曆十年（775 年）正月，田承嗣誘昭義兵馬使裴志清發動叛亂，驅逐薛崿，率眾歸附田承嗣。田承嗣聲言救援相衛鎮，卻率軍佔據相州、磁州。薛崿逃往洺州，上表請求入朝，朝廷許准。《全唐文》卷四十七唐代宗《貶田承嗣永州刺史詔》記載：「（田承嗣）既云相州騷擾，鄰境救災，旋即更並磁州，重行威虐。此實自相矛盾，不究始終。三州既空，遠邇驚陷，更移兵馬，又赴洺州，實為暴殄不仁，窮極殘忍。」〔註220〕

朝廷為了抵制田承嗣對相衛鎮的兼併，以薛嵩的族人薛擇為相州刺史，薛雄為衛州刺史，薛堅為洺州刺史，並詔令田承嗣各守封疆。但是田承嗣卻置若罔聞，還派兵進攻相衛鎮所轄各州。同月，田承嗣部將盧子期攻取洺州。二月，田承嗣誘使衛州刺史薛雄歸附，薛雄不從，田承嗣就派人暗殺薛雄，並屠滅其家。〔註221〕至此，田承嗣已經佔據相衛鎮所轄的相州、衛州、洺州、貝州、磁州五個州，薛氏在相衛鎮的統治告以結束。

（三）昭義鎮併入澤潞鎮

大曆十年（775 年）二月，魏博節度使田承嗣奪取昭義鎮所轄的相、衛、洺、貝、磁五州後，相衛鎮的轄區僅剩下邢州和洺州的臨洺縣，〔註222〕不再稱為相衛鎮，仍稱為昭義鎮。同月不久，朝廷以李承昭為相州刺史、昭義節度留後。《資治通鑒》記載：本年二月「丙子，以華州刺史李承昭知昭義留後。」〔註223〕《舊唐書》記載：本年二月「丙子，以華州刺史李承昭為相州刺史，知昭義兵馬留後。」〔註224〕

在朝廷集合各藩鎮的討伐下，田承嗣節節敗退。同年五月，田承嗣的部將

〔註219〕詳見《魏博鎮下轄州縣沿革》貝州臨清、永濟縣的沿革。
〔註220〕（清）董誥等編：《全唐文》卷四十七《貶田承嗣永州刺史詔》，第 521 頁。
〔註221〕《資治通鑒》卷二百二十五《大曆十年》，第 7228～7229 頁。
〔註222〕相衛鎮丟失諸州，詳見本章第一節《魏博鎮的轄區沿革》。
〔註223〕《資治通鑒》卷二百二十五《大曆十年》，第 7229 頁。
〔註224〕《舊唐書》卷十一《代宗本紀》，第 307 頁。

霍榮國以磁州投降朝廷。《舊唐書》記載：本年「五月乙未，田承嗣部將霍榮國以磁州歸。」﹝註225﹞《資治通鑒》記載：「薛嵩之死也，田承嗣盜據洺、相二州，朝廷獨得邢、磁二州及臨洺縣。」﹝註226﹞至此，昭義鎮轄有邢、磁二州以及洺州的臨洺縣。同年十二月，田承嗣向朝廷請降。

大曆十一年（775年），朝廷赦免田承嗣之罪，承認相、衛、洺、貝四州為魏博鎮所有。《方鎮表三》記載：本年，「魏博節度增領衛、相、洺、貝四州。」同時，朝廷又將臨洺縣改隸於邢州。對此，《唐故驃騎大將軍行右神策軍將軍知軍事兼御史中丞上柱國祁國公竹公（俊臣）神道墓誌銘並序》記載：「後討田悅，救援邢州臨洺等□……」﹝註227﹞由此記載來看，洺州隸屬於魏博鎮之後，臨洺縣改隸於邢州。

大曆十一年（776年）十二月，「昭義節度使李承昭表稱疾篤，以澤潞行軍司馬李抱真兼知磁、邢兩州留後。」﹝註228﹞此時的澤潞節度使並不是李抱真，而是他的兄長李抱玉，李抱玉身兼鳳翔、懷澤潞、秦隴三鎮節度使。直至大曆十二年（777年）三月，「鳳翔、懷澤潞、秦隴節度使李抱玉薨，弟李抱真仍領懷澤潞留後。」﹝註229﹞

建中元年（780年）二月，朝廷「以澤潞留後李抱真為節度使」﹝註230﹞，此後李抱真被稱為昭義節度使。《方鎮表三》記載：本年，「昭義軍節度兼領澤、潞二州，徙治潞州。」﹝註231﹞這說明，昭義鎮和澤潞鎮在建中元年（780年）正式合併為一鎮。從此，號稱昭義軍的相衛鎮徹底被廢除。

由上述考述可知，昭義軍在大曆十年（775年）之後依然存在，只是由澤潞節度使兼領而已，並沒有被廢除。直至建中元年（780年），昭義鎮才正式與澤潞鎮合併為一鎮。賴青壽先生的博論《唐後期方鎮建置沿革研究》認為，相衛鎮之昭義軍在大曆十一年（776年）已經被廢除，這樣的表述並不準確﹝註232﹞。

﹝註225﹞《舊唐書》卷十一《代宗本紀》，第308頁。

﹝註226﹞《資治通鑒》卷二百二十六《建中二年》，第7299頁。

﹝註227﹞此墓誌見於浙江大學圖書館古籍碑帖研究與保護中心《中國歷代墓誌數據庫》。

﹝註228﹞《資治通鑒》卷二百二十五《大曆十一年》，第7241頁。

﹝註229﹞《資治通鑒》卷二百二十五《大曆十二年》，第7241頁。

﹝註230﹞《資治通鑒》卷二百二十六《建中元年》，第7278頁。

﹝註231﹞《新唐書》卷六十六《方鎮表三》，第1237頁。

﹝註232﹞賴青壽：《唐後期方鎮建置沿革研究》第六章第二節《魏博節度使沿革（含相衛澶節度使）》，第108頁。

　　《唐代墓誌彙編》中有一篇《唐沔王諮議張公（侔）墓誌》記載：「大父瓛，皇龍崗節度、邢洺觀察使。」〔註233〕《唐刺史考全編》卷一〇三《邢州（鉅鹿郡）》推測張瓛大曆、貞元中刺邢州，但稱這段時間沒有邢洺觀察使的建置，故將張瓛列入待考錄〔註234〕。根據上述論斷，大曆十年（775年）至建中元年（780年）期間存在有邢磁觀察使。那麼，張瓛極有可能在這段時期內曾經擔任邢磁觀察使，「邢洺觀察使」或為「邢磁觀察使」之誤。

　　所以，相衛鎮的轄區沿革可以總結如表7-6所示。

表7-6　相衛鎮轄區統計表

時　　期	轄區總計	會　府	詳細轄區
761年～763年	4州	相州	相、衛、洺、邢
763年～765年	5州	相州	相、衛、洺、邢、貝
765年～775年	6州	磁州	相、衛、洺、邢、貝、磁
775年～780年	2州	—	邢、磁

二、相衛鎮下轄州縣沿革

　　相衛鎮又稱昭義鎮，建置之初轄有相、衛、洺、邢、貝五州，後增置磁州，因而轄有六州之地。大曆十年（775年），魏博節度使田承嗣奪取昭義鎮的相、衛、洺、貝四州之後，昭義鎮僅有邢、磁二州和洺州的臨洺縣。次年，臨洺縣改隸於邢州。建中元年（780年），昭義鎮最終與澤潞鎮合併為一鎮。

　　相州：761年～775年屬相衛鎮。開元二十年（732年），相州始隸於幽州鎮。天寶元年（742年），改為鄴郡。十四載（755年）十一月，陷於安祿山，十二月收復。至德元載（756年）正月，又陷於安氏政權，改為相州。二載（757年）十月，安慶緒改為成安府〔註235〕。乾元二年（759年），屬史思明政權，又改為鄴郡。上元二年（761年），朝廷以相州隸於滑衛鎮。實際上，隸於史氏政權所建置的鄴郡節度使，並為其會府。寶應元年（762年）十一月，鄴郡節度使薛嵩歸順朝廷，朝廷改鄴郡為相州。廣德元年（763年），朝廷改鄴郡節

〔註233〕周紹良主編：《唐代墓誌彙編》大和〇二〇《唐沔王諮議張公墓誌》，第2110頁。

〔註234〕郁賢皓：《唐刺史考全編》卷一〇三《邢州（鉅鹿郡）》，1450頁。

〔註235〕《舊唐書》卷二百上《安慶緒傳》第5372頁記載：至德二載「十月……偽中書令張通儒秉政，改相州為成安府。」

度使置相衛節度使，治於相州。永泰元年（765 年），相衛（昭義軍）節度使徙治於磁州。大曆十年（775 年），魏博節度使田承嗣兼併相衛鎮，奪取相州，相州改隸於魏博鎮。

轄有安陽、鄴、成安、內黃、堯城、洹水、臨漳、臨河、湯陰、林慮十縣，治於安陽縣。

衛州：761 年～775 年屬相衛鎮。開元二十年（732 年），衛州始隸於幽州鎮。天寶元年（742 年），改為汲郡。十四載（755 年）十一月，陷於安祿山。至德元載（756 年），屬安氏政權，改為衛州。乾元元年（758 年）十月，收復〔註236〕，仍改為衛州。二年（759 年），陷於史思明政權，改為汲郡。上元二年（761 年），朝廷以衛州改隸於滑衛鎮，實際隸屬於史氏政權所建置的鄴郡節度使，仍為汲郡。寶應元年（762 年）十一月，歸唐，仍改為衛州。廣德元年（763 年），鄴郡節度使改為相衛節度使，衛州仍隸之。大曆十年（775 年），衛州被魏博節度使田承嗣奪取，改隸於魏博鎮。

轄有汲、新鄉、衛、共城、黎陽五縣，治於汲縣。

邢州：761 年～780 年屬相衛（昭義）鎮。開元二十年（732 年），邢州隸於幽州鎮。天寶元年（742 年），改為鉅鹿郡。十四載（755 年）十一月，陷於安祿山，十二月收復。至德元載（756 年）正月，又陷於安祿山政權，改為邢州。二載（757 年）十二月，降唐，仍改為鉅鹿郡。乾元元年（758 年），復為邢州。同年，又陷於史思明。二年（759 年），屬史思明政權，改為鉅鹿郡。上元二年（761 年），史氏政權置鄴郡節度使，鉅鹿郡隸之。寶應元年（762 年）十一月，歸唐，仍改為邢州。廣德元年（763 年），鄴郡節度使改為相衛節度使，邢州仍隸之。大曆十年（775 年），相衛鎮大部分轄區被魏博節度使田承嗣奪取之後，轄區僅剩邢、磁二州，仍稱昭義鎮，又稱邢磁鎮。建中元年（780 年），邢、磁二州最終併入澤潞鎮。

轄有龍岡、堯山、鉅鹿、沙河、平鄉、南和、任、內丘、青山九縣，治於龍岡縣。

洺州：761 年～775 年屬相衛鎮。開元二十年（732 年），洺州始隸於幽州鎮。天寶元年（742 年），改為廣平郡。十四載（755 年）十一月，陷於安祿山，十二月收復。至德元載（756 年）正月，又陷於安祿山政權，改為洺州。二載

〔註236〕 《資治通鑑》卷二百二十《乾元元年》7062 頁記載：十月，「（郭子儀）遂拔衛州。」

（757 年）十二月，降唐，仍改為廣平郡。乾元元年（758 年），復為洺州。二年（759 年），陷於史思明政權，改為廣平郡。上元二年（761 年），隸於史氏政權建置的鄴郡節度使。寶應元年（762 年）十一月，收復，仍改為洺州。廣德元年（763 年），鄴郡節度使改稱為相衛節度使，洺州仍隸之。大曆十年（775 年），洺州被魏博節度使田承嗣奪取，改隸於魏博鎮。

　　轄有永年、臨洺、雞澤、洺水、肥鄉、清漳、曲周、平恩八縣，治於永年縣。

圖 7-9　相衛鎮轄區圖（765 年）

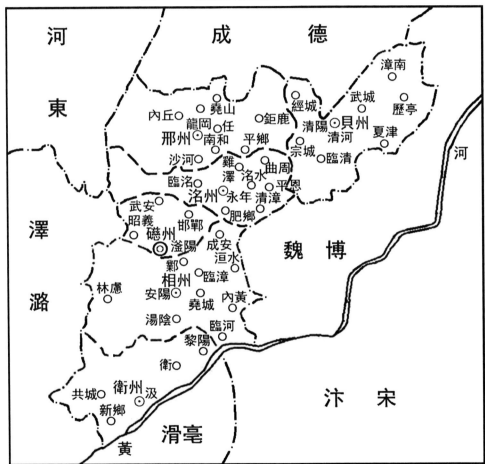

　　臨洺縣：大曆十年（775 年），魏博節度使田承嗣奪取洺州，臨洺縣未被侵奪。十一年（776 年），朝廷以洺州隸於魏博鎮，臨洺縣則改隸於邢州。建中三年（782 年），洺州改隸於昭義鎮，臨洺縣復隸於洺州〔註237〕。

〔註237〕詳見本節前文《相衛鎮的轄區沿革》。

貝州：763年～775年屬相衛鎮。開元二十年（732年），貝州始隸於幽州鎮。天寶元年（742年），改為清河郡。十四載（755年）十一月，陷於安祿山，十二月收復。至德元載（756年）十月，陷於安祿山政權，改為貝州。乾元元年（758年），收復。三月，又陷於安氏政權。二年（759年），屬史思明政權，改為清河郡。上元二年（761年），朝廷以貝州隸於滑衛鎮，實際隸於史氏政權所建置的鄴郡節度使。寶應元年（762年）十一月，收復，仍改為貝州。廣德元年（763年），隸於相衛鎮。大曆十年（775年），貝州被魏博節度使田承嗣奪取，改隸於魏博鎮。

轄有清河、清陽、臨清、宗城、歷亭、武城、經城、漳南、夏津九縣，治於清河縣。

臨清縣：大曆七年（772年），臨清縣改隸魏州〔註238〕。

磁州：765年～780年屬相衛（昭義）鎮。永泰元年（765年），昭義節度使薛嵩奏請以相州滏陽縣、洺州邯鄲、武安二縣建置磁州，隸於昭義鎮，為會府。大曆十年（775年），磁州為魏博節度使田承嗣所取，同年復隸於昭義鎮，建中元年（780年）併入澤潞鎮。

轄有滏陽、邯鄲、昭義、武安四縣，治於滏陽縣。

滏陽縣：滏陽縣原屬相州，永泰元年（765年）改隸於磁州，為州治〔註239〕。

邯鄲縣：原屬洺州，永泰元年（765年）改隸於磁州。

昭義縣：永泰元年（765年）置，隸於磁州。

武安縣：原屬洺州，永泰元年（765年）改隸於磁州。

第五節　義武鎮

義武鎮，又稱為易定鎮，長期轄有易、定二州。建中三年（782年），張孝忠被朝廷任命為義武軍節度使，建立義武鎮。張孝忠死後，其子張茂昭繼任義武節度使，直至元和五年（810年）放棄割據歸順朝廷。唐末，王處存成為義武節度使，再次實行割據。王氏割據義武鎮長達五十年，直至後唐天成四年（929年）為後唐所滅。

〔註238〕詳見本章第一節《魏博鎮下轄州縣沿革》。
〔註239〕《新唐書》卷三十九《地理志三》，第667頁。下文邯鄲、昭義、武安三縣沿革情況，也見於此記載。

　　杜志華先生的碩士學位論文《唐代易定鎮研究》對義武鎮的轄區變化及其
所反映的問題進行過研究〔註240〕。

一、義武鎮的轄區沿革

　　義武鎮的建置沿革為：易定滄節度使（782）—義武軍節度使（782～929）。

　　義武鎮的轄區變化較為簡單，長期轄有易、定二州，治於定州，唐末增置
祁州。

　　義武鎮第一任節度使張孝忠，原為成德軍節度使李寶臣的部將。大曆十年
（775 年）十月，李寶臣為防止幽州鎮的朱滔率兵進犯，「以張孝忠為易州刺
史」〔註241〕，率兵駐紮於易州。

　　建中二年（781 年）正月，李寶臣去世，其子李惟岳謀襲父位，沒有得到
朝廷允許，於是發動叛亂，遭到朝廷討伐。同年八月，張孝忠以易州歸降朝廷，
被任命為成德軍節度使。《新唐書》記載：「德宗嘉之，擢（張）孝忠檢校工部
尚書、成德軍節度使。」〔註242〕但是張孝忠並沒有真正取得成德鎮，當時實
際也僅據有易州。

　　建中三年（782 年）二月，李惟岳為部將王武俊所殺後，原成德將領楊政
義以定州降於張孝忠，張孝忠始據有易、定二州。不久，朝廷任命張孝忠為易
定滄節度使，據有易、定、滄三州。同年五月，朝廷以三州置義武軍節度使，
治於定州〔註243〕。《舊唐書》記載：「後定州刺史楊政義以州降，（張）孝忠遂
有易、定之地……朝廷乃於定州置義武軍，以孝忠檢校兵部尚書，為義武軍節
度、易定滄等州觀察等使。」〔註244〕《張孝忠遺愛碑》也記載：「轉兵部尚書、
易州刺史、易定滄等州節度觀察使，錫軍號曰義武。」〔註245〕

　　同年，張孝忠派部將程日華接管滄州。程日華控制滄州後，由於幽州節度
使朱滔叛亂，造成滄州到易、定二州的通路阻隔。朝廷於是在滄州設置橫海軍，

〔註240〕杜志華：《唐代易定鎮研究》，碩士學位論文，陝西師範大學歷史系，2011 年，
　　　　　第 13～15 頁。

〔註241〕《資治通鑒》卷二百二十五《大曆十年》，第 7235 頁。

〔註242〕《新唐書》卷一百四十八《張孝忠傳》，第 3735 頁。

〔註243〕以上記載見於《資治通鑒》卷二百二十七《建中三年》，第 7319、7330 頁。

〔註244〕《舊唐書》卷一百四十一《張孝忠傳》，第 3856 頁。

〔註245〕（清）董誥等編：《全唐文》卷四百九十六《唐故義武軍節度使營田易定等州
　　　　　觀察處置使開府儀同三司檢校司空同中書門下平章事范陽郡王贈太師貞武
　　　　　張公遺愛碑銘並序》，第 5058 頁。

以程日華橫海軍使，滄州名義上仍屬義武鎮，實際上相對獨立於義武鎮。貞元二年（786 年），朝廷正式在滄州設橫海軍節度使，滄州脫離義武鎮。《資治通鑑》記載：「（張）孝忠聞之，即版（程）華攝滄州刺史……會朱滔、王武俊叛，更遣人招華，華皆不從……上即以華為滄州刺史、橫海軍副大使、知節度事，賜名日華。」貞元二年，「以橫海軍使程日華為節度使」〔註 246〕。因此，義武鎮實際上從建置初期就僅有易、定二州，其後轄區幾乎無變化。

元和五年（810 年），張茂昭歸順朝廷，結束了張氏在義武鎮的割據。

唐末，乾符六年（879 年），王處存成為義武軍節度使，開始了王氏對義武鎮的統治，此時仍然領有易、定二州，治於定州。

景福二年（893 年），王處存上表朝廷，分定州的無極、深澤二縣建置祁州，治於無極縣。《舊唐書》記載：「景福二年，定州節度使王處存奏請於本部無極縣置祁州。」〔註 247〕義武鎮因此轄有易、定、祁三州。此後，義武鎮長期轄有這三個州。

乾寧二年（895 年），王處存去世。其後，王處存之子王郜、王處存之弟王處直、王處直養子王都先後繼任義武軍節度使。二十世紀九十年代，在河北省曲陽縣西燕川村唐墓出土了《大唐故興國推忠保定功臣義武軍節度易定祁等州觀察處置北平軍等使開府儀同三司檢校太師兼中書令北平王食邑五千戶食實封三百戶太原王公墓誌銘並序》〔註 248〕，誌主即為王處直。

直至後唐天成四年（929 年），義武節度使王都發動叛亂，最終被後唐討滅。

綜上所述，義武鎮的轄區變化可總結如表 7-7 所示。

表 7-7　義武鎮轄區統計表

時　期	轄區總計	會　府	詳細轄區
781 年～782 年	1 州	易州	易
782 年～786 年	3 州	定州	易、定、滄
786 年～893 年	2 州	定州	易、定
893 年～929 年	3 州	定州	易、定、祁

〔註 246〕《資治通鑑》卷二百三十一《興元元年》、卷二百三十二《貞元二年》，第 7433、7470 頁。
〔註 247〕《舊唐書》卷三十九《地理志二》，第 1511 頁。
〔註 248〕河北文物研究所、保定市文物管理處：《五代王處直墓》附錄一《五代王處直墓誌錄文》，北京：文物出版社，1998 年，第 64 頁。

二、義武鎮下轄州縣沿革

義武鎮長期轄有易、定二州，治於定州。唐末，分定州置祁州，因而轄有易、定、祁三州，但其轄區實際並沒有擴大。

定州：782年～929年屬義武鎮，為會府。定州原隸於成德鎮，建中三年（782年），成德鎮將領楊政義以定州降於張孝忠。不久，張孝忠被任命為義武軍節度使，定州成為義武鎮會府。景福二年（893年），王處存上表朝廷，分定州的無極、深澤二縣置祁州。

轄有安喜、新樂、義豐、唐、望都、北平、陘邑、曲陽八縣，治於安喜縣。

曲陽縣：原為恆陽縣，元和十五年（820年），唐穆宗李恆繼位，避其諱改為曲陽縣〔註249〕。

圖 7-10　義武鎮轄區圖（820年）

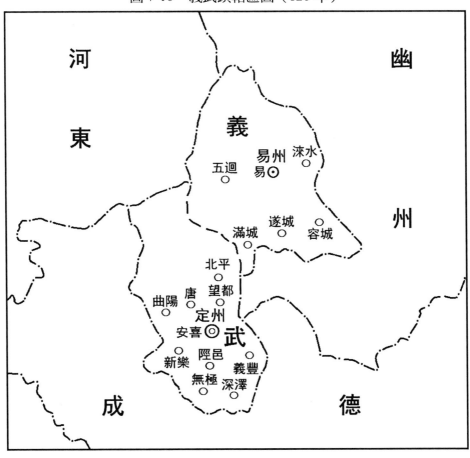

〔註249〕《舊唐書》卷三十九《地理志二》，第1511頁。

易州：782 年～929 年屬義武鎮。易州原隸於成德鎮，大曆十年（775 年），成德節度使李寶臣為防禦幽州節度使朱滔的進攻，以部將張孝忠為易州刺史。建中二年（781 年），李惟岳叛亂時，張孝忠以易州降於朱滔，被朝廷任命為成德軍節度使。建中三年（782 年），朝廷先後改任張孝忠為易定滄節度使、義武軍節度使，建置義武鎮，管轄易、定、滄三州。因此，易州改隸於義武鎮。

轄有易、淶水、容城、遂城、滿城、五回六縣，治於易縣。

祁州：893 年～929 年屬義武鎮。景福二年（893 年），義武節度使王處存上表朝廷，分定州的無極、深澤二縣建置祁州，治於無極縣，隸於義武鎮。

轄有無極、深澤二縣，治於無極縣。

無極縣：原屬定州，景福二年（893 年），王處存上表朝廷於無極縣置祁州〔註 250〕。

深澤縣：原屬定州，景福二年（893 年），置祁州，深澤縣隸之〔註 251〕。

第六節　滄景鎮

滄景鎮，前期軍號橫海軍，後期軍號改為義昌軍，故而前期又稱為橫海鎮，後期又稱為義昌鎮。建中三年（782 年），朝廷以程日華為橫海軍使。貞元二年（786），置橫海軍節度使。程氏祖孫三代割據滄景鎮長達三十六年，至元和十三年（818 年）歸順朝廷。其後，李全略、李同捷父子又曾割據滄景鎮七年。唐末，盧彥威成為義昌軍節度使，再次割據，直至光化元年（898 年）為幽州節度使劉仁恭所滅。

王妙英的碩士論文《唐代橫海鎮研究》對唐代滄景鎮進行了個案研究，但涉及轄區沿革的信息較少，文中僅簡要介紹了橫海鎮的轄區變化〔註 252〕。

一、滄景鎮的轄區沿革

滄景鎮建置沿革為：橫海軍節度使（786～829）—齊德節度使（829）—橫海軍節度使（829）—齊德滄景節度使（829～830）—齊德滄節度使（830～831）—義昌軍節度使（831～913）。

〔註 250〕《舊唐書》卷三十九《地理志二》，第 1511 頁。
〔註 251〕《舊唐書》卷三十九《地理志二》，第 1512 頁。
〔註 252〕王妙英：《唐代橫海鎮研究》，碩士學位論文，河北師範大學歷史系，2006 年，第 5～6 頁。

滄景鎮建置之初僅轄有滄、景二州，元和十三年（818 年）增領德、棣二州。其後，景州屢廢屢建。大和中，滄景鎮罷領棣州，增領齊州。此後數十年，滄景鎮轄有滄、德、齊三州。咸通五年（864 年），滄景鎮罷領齊州，僅轄滄、德二州。景福元年（892 年），復置景州，滄景鎮又轄有滄、景、德三州。

（一）橫海軍時期的轄區沿革

建中三年（782 年），張孝忠成為義武軍節度使，派部將程日華前往接收滄州。程日華控制滄州後不久，幽州節度使朱滔發動叛亂，使滄州與義武鎮會府定州之間的通道阻斷。程日華於是上表朝廷，請求以滄州別置為一個藩鎮。朝廷於是在滄州設置橫海軍，以程日華為橫海軍使。《資治通鑑》記載：「（張）孝忠聞之，即版（程）華攝滄州刺史……會朱滔、王武俊叛，更遣人招華，華皆不從……上即以華為滄州刺史、橫海軍副大使、知節度事，賜名日華。」〔註253〕此時，橫海鎮實際已經形成。

貞元二年（786 年），程日華去世，其子程懷直自知留後，朝廷以程懷直權知滄州刺史，知軍州事。同年，程懷直遣使入朝，表請分滄州的弓高、東光、景城等縣建置景州，並請朝廷派遣官員任景州刺史。因「河朔刺史不廷授幾三十年」〔註254〕，唐德宗非常高興，任命員外郎徐申為景州刺史，升橫海軍為節度使，以嘉王李運遙領橫海軍節度使、滄景等州觀察處置等使，擢程懷直為橫海軍節度留後。至此，正式建置橫海鎮〔註255〕，轄有滄、景二州，治於滄州。

關於橫海軍節度使和景州的建置時間，史籍記載不一。《資治通鑑》記載：貞元二年四月，「以橫海軍使程日華為節度使」〔註256〕；貞元五年（789 年）二月，「（程）懷直請分弓高、景城為景州。」〔註257〕《新唐書・程懷直傳》則記載：「貞元二年（程日華）卒，贈兵部尚書。子懷直擅知留事，帝以日華故，即拜權知滄州刺史。（李）宇入朝，願析東光、景城二縣置景州，且請刺史。河朔刺史不廷授幾三十年，帝嘉其忠，以徐申為景州刺史。升橫海軍為節度，擢懷直為留後。」〔註258〕《新唐書・地理志三》則記載：「景州，上，貞

〔註253〕《資治通鑑》卷二百三十一《興元元年》，第 7433 頁。
〔註254〕《新唐書》卷二百一十三《程懷直傳》，第 4568 頁。
〔註255〕賴青壽《唐後期方鎮建置沿革研究》第六章第五節《滄景（橫海軍）節度使沿革》第 110 頁認為，橫海軍節度使建置於興元元年（784 年），當誤。
〔註256〕《資治通鑑》卷二百三十二《貞元二年》，第 7470 頁。
〔註257〕《資治通鑑》卷二百三十三《貞元五年》，第 7517 頁。
〔註258〕《新唐書》卷二百一十三《程懷直傳》，第 4568 頁。

元三年析滄州之弓高、東光、臨津置。」〔註259〕《舊唐書‧程懷直傳》則記載:「(程)懷直習河朔事,(貞元四年,)父卒,自知留後事。朝廷嘉父之忠,起復授檢校工部尚書、兼御史大夫,升橫海軍為節度,以懷直為留後。又於弓高縣置景州,管東光、景城二縣,以為屬郡。累加至檢校尚書右僕射。」〔註260〕據分析,朝廷單獨以滄州建置節度使的可能極低,橫海軍升節度使之時,必然同時建立了景州,而朝廷同意建立景州,是在程懷直上奏表忠之後。因此,橫海軍升節度使和景州建置的時間,都應該在貞元二年(786年)。《舊唐書‧程懷直傳》和《新唐書‧地理志三》等記載均存在錯誤〔註261〕。

此次建置的景州,應當轄有弓高、景城、東光、臨津四縣。對此,《新唐書》記載為:「析滄州之弓高、東光、臨津置(景州)。」〔註262〕又據上文所引《舊唐書‧程懷直傳》的記載,景州還轄有景城縣。

程懷直之後,程懷信、程權相繼任橫海軍節度使。直至元和十三年(818年)二月,程權放棄割據,歸順朝廷,才結束程氏家族在橫海鎮的割據,橫海鎮因此成為朝廷控制的藩鎮。

同年(818年)四月,成德軍節度使王承宗向朝廷獻出德、棣二州,朝廷將二州劃歸橫海鎮。《方鎮表三》記載:本年,「以德、棣二州隸橫海節度。」〔註263〕至此,橫海鎮轄有滄、景、德、棣四州,並徙治於德州。《舊唐書》記載:元和十三年四月「庚辰,詔復王承宗官爵,以華州刺史鄭權為德州刺史、橫海軍節度、德棣滄景等州觀察使。」〔註264〕《舊唐書》原文記載為「三月」,實際遺漏「四月」的字眼,據《資治通鑑》等書的記載可考。此處記載表明,鄭權任橫海軍節度使時又為德州刺史,由此可知橫海鎮徙治於德州。

鄭權就任橫海節度使後,滄州刺史李宗奭不服從鄭權的管轄。朝廷責令李宗奭入朝,李宗奭以州兵挽留為由,拒絕離開滄州。同年(818年)十一月,朝廷改任烏重胤為橫海節度使、滄州刺史。滄州將士得知後,驅逐李宗奭。李宗奭逃往京城,被斬於獨柳之下。至此,橫海鎮復治於滄州。《舊唐書》

〔註259〕《新唐書》卷三十九《地理志三》,第669頁。
〔註260〕《舊唐書》卷一百四十三《程懷直傳》,第2653頁。
〔註261〕向傳君:《從程懷信墓誌銘看程氏家族在橫海鎮的割據》,《文物春秋》2023年第4期,第68頁。
〔註262〕《新唐書》卷三十九《地理志三》,第669頁。
〔註263〕《新唐書》卷六十六《方鎮表三》,第1242～1252頁。下文同,不再引注。
〔註264〕《舊唐書》卷十五《憲宗本紀下》,第463頁。

記載：元和十三年十一月「壬寅，以河陽節度使烏重胤為滄州刺史、橫海軍節度、滄景德棣觀察等使」；元和十四年正月「辛巳，斬前滄州刺史李宗奭於獨柳樹。朝廷初除鄭權滄州，宗奭拒詔不受代，既而為三軍所逐，乃入朝，故誅之」〔註265〕。《資治通鑒》則記載：元和十四年正月，「滄州刺史李宗奭與橫海節度使鄭權不叶，不受其節制，權奏之。上遣中使追之，宗奭使其軍中留己，表稱懼亂未敢離州。詔以烏重胤代權，將吏懼，逐宗奭。宗奭奔京師，辛丑，斬於獨柳之下。」〔註266〕由這兩處記載來看，鄭權為橫海節度使時，尚有滄州刺史李宗奭，據此亦可印證橫海鎮當時徙治於德州。

長慶元年（821 年），景州被廢除，下轄各縣還隸於滄州，橫海鎮因而罷領景州〔註267〕。

長慶二年（822 年）正月，李全略被朝廷任命為橫海軍節度使，轄有滄、德、棣三州。不久，朝廷又以滄州的弓高、東光、臨津、南皮、景城五縣建置景州，仍治於弓高縣。《新唐書》記載：「景州……長慶元年州廢，縣還滄州，二年復以弓高、東光、臨津、南皮、景城置。」〔註268〕至此，橫海鎮又增領景州。

同年（822 年）二月，朝廷分橫海鎮為兩個藩鎮，任命李光顏為橫海軍節度使，轄有滄、景二州，治於滄州；李全略則被改任為德棣節度使，轄有德、棣二州，治於德州。三月，朝廷又將兩鎮合併，李全略再次出任橫海軍節度使，據有滄、景、德、棣四州。《資治通鑒》記載：本年二月「癸未，加李光顏橫海節度、滄景觀察使……以橫海節度使李全略為德棣節度使。」三月，「復以德棣節度使李全略為橫海節度使。」〔註269〕

寶曆二年（826 年），李全略去世，其子李同捷謀求世襲節度使，遭到朝廷討伐。

朝廷討伐李同捷的時候，曾經對橫海鎮的轄區進行劃分。其中，大和元年（827 年），將淄青鎮下轄的齊州劃歸橫海鎮。《方鎮表二》記載：本年，「齊州隸橫海節度」〔註270〕。但是，當時橫海鎮所轄的滄、景、德、棣四州仍然在

〔註265〕《舊唐書》卷十五《憲宗本紀下》，第 465～466 頁。
〔註266〕《資治通鑒》卷二百四十《元和十四年》，第 7760 頁。
〔註267〕詳細記載見於下一段落《新唐書》的記載。
〔註268〕《新唐書》卷三十九《地理志三》，第 669 頁。
〔註269〕《資治通鑒》卷二百四十二《長慶二年》，第 7810、7815 頁。
〔註270〕《新唐書》卷六十五《方鎮表二》，第 1211～1222 頁。下同，不再引注。

李同捷的控制下。朝廷任命的橫海節度使烏重胤實際僅僅領有齊州，且寄治於齊州。據《全唐文》記載：「太和二年九月，以公（傅良弼）為橫海軍節度使、檢校兵部尚書，俾治齊州，以圖滄景之寇。」〔註271〕由此可知，傅良弼任橫海節度使後，也寄治於齊州。另外，賴青壽先生在其博論《唐後期方鎮建置沿革研究》中也考證，橫海鎮在大和二年（828年）徙治於齊州。〔註272〕

大和二年（828年）九月，朝廷攻取棣州，並將其劃歸於淄青鎮。據《資治通鑒》記載：本年「九月丁亥，王智興奏拔棣州。」〔註273〕《方鎮表二》也記載：本年，「淄青平盧節度增領棣州」。至此，李同捷僅轄滄、景、德三州。

朝廷對李同捷的討伐持續了三年，直到大和三年（829年）四月才平定李同捷之亂。

（二）義昌軍時期的轄區沿革

大和三年（829年），朝廷平定李同捷之後，於同年五月將橫海軍節度使改置為齊德節度使，轄有齊、德、滄、景四州，治於德州。同月不久，朝廷復置橫海節度使，還治於滄州。《方鎮表三》記載：本年，「罷橫海節度，更置齊德節度使，治德州，尋廢，復置，更號齊滄德節度使。」而《舊唐書》記載：本年五月「丙申，橫海軍節度使李祐卒。以涇原節度使李岵為齊、德等州節度使，改名有裕。丁酉，以前義武軍節度使傅毅為滄州刺史、橫海軍節度使。」〔註274〕同書又記載：大和四年四月「丁巳，貶前齊德滄景等州節度使李有裕為永州刺史，馳驛赴任。」〔註275〕賴青壽先生在《唐後期方鎮建置沿革研究》論證，齊德節度使轄有齊、德、滄、景四州。除此之外，李岵、傅毅任職間隔時間太短。賴青壽據此推斷，齊德節度使的建置並沒有得到真正實行，是十分可信的〔註276〕。

大和三年（829年）八月，朝廷再次取締橫海軍節度使，以齊、德、滄、

〔註271〕 （清）董誥等編：《全唐文》卷六百三十八《唐故橫海軍節度齊棣滄景等州觀察處置等使金紫光祿大夫檢校兵部尚書使持節齊州諸軍事兼齊州刺史御史大夫上柱國貝郡開國公食邑二千戶贈左僕射傅公神道碑》，第6448頁。

〔註272〕 賴青壽：《唐後期方鎮建置沿革研究》第六章第五節《滄景（橫海軍）節度使沿革（含德棣節度使）》，第111頁。

〔註273〕 《資治通鑒》卷二百四十三《太和二年》，第7859頁。

〔註274〕 《舊唐書》卷十七上《文宗本紀上》，第531頁。

〔註275〕 《舊唐書》卷十七下《文宗本紀下》，第536頁。

〔註276〕 賴青壽：《唐後期方鎮建置沿革研究》第六章第五節《滄景（橫海軍）節度使沿革（含德棣節度使）》，第111頁。

景四州建置齊德滄景節度使，仍治於滄州。《資治通鑒》記載：本年八月「癸丑，以衛尉卿殷侑為齊、德、滄、景節度使。」〔註277〕

大和四年（830年），景州被廢除，所轄縣仍歸滄州。因此，齊德滄景節度使改稱為齊德滄節度使。《舊唐書》記載：「景州……長慶元年，廢景州，四縣亦還本屬。二年，復於弓高置景州。大和四年廢，縣屬滄州。」〔註278〕

大和五年（831年）正月，朝廷賜齊德滄節度使軍號為義昌軍。《資治通鑒》記載：本年「正月丁巳，賜滄、齊、德節度名義昌軍。」〔註279〕《方鎮表三》也記載：本年，「齊德滄節度使賜號義昌軍節度。」此後，滄州藩鎮又稱為義昌鎮。

咸通五年（864年），義昌鎮下轄的齊州改隸於天平鎮。《方鎮表二》記載：本年，「天平軍節度增領齊、棣二州。」此後的數十年，義昌鎮僅轄有滄、德二州。

（三）盧彥威割據時期的轄區沿革

唐末，大唐王朝衰落，義昌鎮也像其他藩鎮一樣實行割據。光啟元年（885年），盧彥威成為義昌軍節度使，開始割據於義昌鎮，仍然轄有滄、德二州。

景福元年（892年），盧彥威以弓高、東光、安陵等縣建置景州。義昌鎮因而轄有滄、景、德三州。對於此次建置的景州具體轄有哪些縣，則很難考證。

據《舊唐書》記載為：「景福元年，復於弓高置景州，管東光、安陵三縣」〔註280〕。可見，此次所置景州仍然治於弓高縣，至少轄有弓高、東光、安陵三縣。其中，弓高、東光二縣原屬於滄州，安陵縣原屬於德州。其後，安陵縣又復隸於德州，景州僅轄有弓高、東光二縣。後梁開平二年（908年），景州徙治於東光縣。

（四）劉氏割據時期的轄區沿革

光化元年（898年）三月，幽州節度使劉仁恭進攻滄州，義昌節度使盧彥威棄城而逃。從此，義昌鎮被幽州鎮兼併，成為幽州鎮的附屬藩鎮。

劉仁恭取得義昌鎮後，以其長子劉守文為義昌軍節度使。

光化三年（900年），宣武節度使朱溫派大將葛從周率兵進攻劉仁恭控制

〔註277〕《資治通鑒》卷二百四十四《太和三年》，第7866頁。
〔註278〕《舊唐書》卷三十九《地理志二》，第1508頁。
〔註279〕《資治通鑒》卷二百四十四《太和五年》，第7873頁。
〔註280〕《舊唐書》卷三十九《地理志二》，第1508頁。

的幽州、義昌二鎮。同年五月，義昌鎮所轄的德州被葛從周攻取。十月，景州也被葛從周攻取。《資治通鑑》記載：本年，「朱全忠遣葛從周帥兗、鄆、滑、魏四鎮兵十萬擊劉仁恭，五月，庚寅，拔德州，斬刺史傅公和。」「十月，丙辰，拔景州，執刺史劉仁霸。」〔註281〕至此，義昌鎮僅控制有滄州。其後，大約至天祐二年（905年），劉氏才奪回德、景二州〔註282〕。

後梁開平元年（907年）四月，幽州節度使劉仁恭被次子劉守光囚禁。同年十一月，劉守文率兵進攻幽州鎮。此後的數年間，義昌鎮實際並不附屬於幽州鎮。

開平三年（909年）五月，劉守文在雞蘇戰敗，被劉守光俘虜。滄州將領呂兗、孫鶴擁立劉守文之子劉延祚為義昌節度留後，抵禦劉守光對滄州的進攻。開平四年（910年）正月，劉延祚無法再抵抗，於是向劉守光投降，結果和父親劉守文一同被殺。劉守光取得義昌鎮後，以其子劉繼威為義昌節度使。至此，義昌鎮再次附屬於幽州鎮。

乾化元年（911年）八月，劉守光稱帝，建立燕國，義昌鎮成為燕政權的藩鎮。

後梁乾化二年（燕應天二年，912年）三月，滄州都指揮使張萬進殺劉繼威，自稱義昌留後，以義昌鎮降於晉王李存勖。義昌鎮大將周知裕以景州降於後梁，後梁建置歸化軍，任命周知裕為歸化軍指揮使。不久，後梁改義昌軍為順化軍，任命張萬進為節度使。乾化三年（913年）五月，張萬進歸降於後梁，後梁改任劉守奇為順化節度使〔註283〕。自此，滄景鎮最終併入後梁政權。

綜上所述，滄景鎮的轄區變化可總結如表7-8所示。

表7-8　滄景鎮轄區統計表

時　　期	轄區總計	會　府	詳細轄區
786年～818年	2州	滄州	滄、景
818年～818年	4州	德州	滄、景、德、棣

〔註281〕《資治通鑑》卷二百六十二《光化三年》，第8530、8535頁。

〔註282〕對於劉仁恭父子奪回德、景二州的時間，詳見本章第三節《幽州盧龍鎮的轄區沿革》。

〔註283〕以上四段內容記載來源於《資治通鑑》卷二百六十六《開平元年》、卷二百六十七《開平三年》《開平四年》、卷二百六十八《乾化元年》《乾化二年》《乾化三年》，第8671、8686、8710、8720、8745、8754頁。

818 年～821 年	4 州	滄州	滄、景、德、棣
821 年～822 年	3 州	滄州	滄、德、棣
822 年～827 年	4 州	滄州	滄、景、德、棣
827 年～828 年	4 州	滄州	滄、景、德、棣、〔齊〕〔註284〕
828 年～829 年	3 州	滄州	滄、景、德、〔齊〕
829 年～830 年	4 州	滄州	齊、德、滄、景
830 年～864 年	3 州	滄州	齊、德、滄
864 年～892 年	2 州	滄州	滄、德
892 年～900 年	3 州	滄州	滄、景、德
900 年～約 905 年	1 州	滄州	滄、〔景、德〕〔註285〕
約 905 年～913 年	3 州	滄州	滄、景、德

二、滄景鎮下轄州縣沿革

　　滄景鎮前期主要轄有滄、景二州，後來曾經增領德、棣、齊等州。其中，
景州屢次被廢除。德、齊二州隸屬於滄景鎮的時間相對較長，棣州隸屬於滄景
鎮的時間較短。

（一）滄景鎮長期轄有的州

　　滄州：786 年～913 年屬橫海（義昌）鎮，為會府。滄州原隸於魏博鎮，
大曆十年（775 年）改隸於成德鎮，建中三年（782 年）改隸於義武鎮。同年，
朝廷以滄州建立橫海軍使，貞元二年（786 年）升為橫海軍節度使。此後，滄
州弓高、東光等縣屢屢分置為景州。元和十三年（818 年）四月，橫海鎮徙治
於德州，十一月還治於滄州。大和元年（827 年）至三年（829 年），朝廷討伐
橫海留後李同捷，先後任命烏重胤、李寰、傅良弼、李祐為橫海軍節度使，寄
治於齊州。大和三年（829 年）五月，朝廷平定李同捷，廢除橫海節度使，滄
州改隸於齊德節度使。同月，復置橫海節度使，仍治於滄州。同年八月，罷橫
海節度使，置齊德滄景節度使，仍治於滄州。大和五年（831 年），齊德滄節度
使改稱為義昌軍節度使。光化元年（898 年），義昌鎮被幽州節度使劉仁恭兼

〔註284〕大和元年（827 年），棣州始隸於橫海鎮，但橫海鎮所轄的滄、景、德、棣四
　　　　州當時為李同捷所據，朝廷任命的橫海節度使寄治於齊州。
〔註285〕光化三年（900 年）至約天祐二年（905 年），景、德二州被宣武軍節度使朱
　　　　溫佔據。

併，成為幽州鎮的附屬藩鎮。

　　轄有清池、長蘆、魯城、鹽山、饒安、樂陵、無棣七縣，治於清池縣。

　　景州：景州在建置時期一直為橫海（義昌）鎮轄有。貞元二年（786 年），分滄州的弓高、景城、東光、臨津四縣建置景州，治於弓高縣，隸於橫海鎮。長慶元年（821 年），景州廢，縣還滄州。二年（822 年），朝廷分滄州的弓高、東光、臨津、南皮、景城五縣建置景州，仍治於弓高縣。大和四年（830 年），景州又廢，弓高、東光、臨津、南皮、景城五縣還隸滄州。景福元年（892 年），又置景州於弓高縣，管弓高、東光、安陵三縣，後罷領安陵縣。光化三年（900 年），景州被宣武節度使朱溫攻取，大約在天祐二年（905 年）復隸於義昌鎮。後梁開平二年（908 年），景州徙治於東光縣。

　　轄有弓高、南皮、景城、東光、臨津等縣，治於弓高縣。

　　弓高縣：原隸於滄州，貞元二年（786 年）置景州〔註286〕，長慶元年（821 年）州廢，弓高縣復隸於滄州。二年（822 年）又置景州，大和四年（830 年）州廢，弓高縣仍隸於滄州。景福元年（892 年）又置景州。後梁開平二年（908 年），景州徙治於東光縣〔註287〕。

　　南皮縣：原隸於滄州，長慶二年（822 年）改隸於景州，大和四年（830 年）復隸於滄州〔註288〕。

　　景城縣：原隸於滄州，大曆七年（772 年）改隸於瀛州〔註289〕，其後又隸於滄州，貞元二年（786 年）改隸於景州〔註290〕，長慶元年（821 年）復隸於滄州，二年（822 年）又隸於景州〔註291〕。大和四年（830 年），景州廢，景城縣還隸於滄州。大中後，改隸於瀛州〔註292〕。

　　東光縣：原隸於滄州，貞元二年（786 年）改隸於景州〔註293〕，長慶元年（821 年）復隸於滄州，二年（822 年）隸於景州〔註294〕，大和四年（830 年）隸於滄州，景福元年（892 年）隸於景州。後梁開平二年（908 年），景州

〔註286〕詳見本節前文《滄景鎮的轄區沿革》。
〔註287〕《舊唐書》卷三十九《地理志二》，第 1508 頁。
〔註288〕《新唐書》卷三十九《地理志三》，第 669 頁。
〔註289〕《新唐書》卷三十九《地理志三》，第 671 頁。
〔註290〕詳見本節前文《滄景鎮的轄區沿革》。
〔註291〕《新唐書》卷三十九《地理志三》，第 669 頁。
〔註292〕《舊唐書》卷三十九《地理志二》，第 1514 頁。
〔註293〕詳見本節前文《滄景鎮的轄區沿革》。
〔註294〕《新唐書》卷三十九《地理志三》，第 669 頁。

徙治於東光縣〔註295〕。

臨津縣：原隸於滄州，貞元二年（786 年）改隸於景州〔註296〕，長慶元年（821 年）復隸於滄州，二年（822 年）隸於景州，大和四年（830 年）隸於滄州〔註297〕。

圖 7-11　橫海鎮轄區圖（826 年）

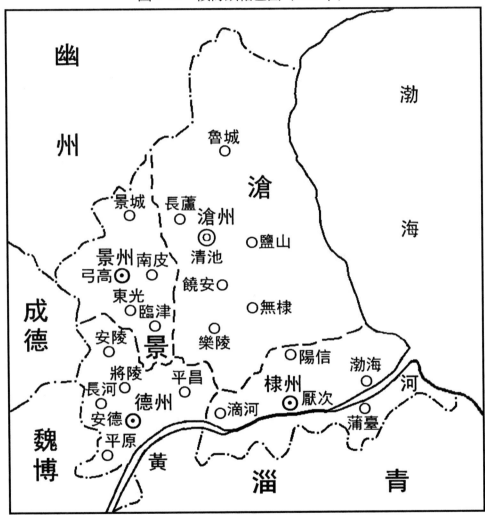

德州：818 年～913 年屬橫海（義昌）鎮。德州原隸於成德鎮，元和十三年（818 年）四月改隸於橫海鎮，為會府。同年十一月，橫海鎮復治於滄州。

〔註295〕《舊唐書》卷三十九《地理志二》，第 1508 頁。
〔註296〕詳見本節前文《滄景鎮的轄區沿革》。
〔註297〕《新唐書》卷三十九《地理志三》，第 669 頁。

大和三年（829年）五月，罷橫海節度使，置齊德節度使，治於德州。同月，廢齊德節度使，仍置橫海節度使，德州仍隸之。同年八月，隸於齊德滄景節度使。大和五年（831年），隸於義昌軍節度使。光化三年（900年），德州被宣武節度使朱溫攻取，大約在天祐二年（905年）復隸於義昌鎮。

轄有安德、平原、平昌、將陵、長河、安陵六縣，治於安德縣。

安陵縣：景福元年（892年），改隸於景州〔註298〕，不久復隸於德州〔註299〕。

（二）滄景鎮短期轄有的州

棣州：818年～829年屬橫海鎮。棣州曾先後隸屬於淄青、幽州、成德等鎮，元和十三年（818年）改隸於橫海鎮。大和二年（828年），棣州改隸於淄青鎮。

轄有厭次、滴河、渤海、陽信、蒲臺五縣，治於厭次縣。

齊州：827年～864年屬橫海（義昌）鎮。齊州原隸於淄青鎮，大和元年（827年），朝廷正討伐橫海留後李同捷，改任烏重胤為橫海節度使，治於齊州。其後，李寰、傅良弼、李祐任橫海節度使，都治於齊州。大和三年（829年）五月，朝廷已平定李同捷，罷橫海節度使，置齊德節度使，齊州隸之。同月，復置橫海節度使，齊州仍隸之，同年八月隸於齊德滄景節度使，大和五年（831年）隸於義昌軍節度使，咸通五年（864年）改隸於天平鎮。

轄有歷城、章丘、臨邑、臨濟、長清、禹城六縣，治於歷城縣。

〔註298〕《舊唐書》卷三十九《地理志二》，第1508頁。
〔註299〕《新唐書》卷三十九《地理志三》第670頁記載：「安陵，望。景福元年隸景州，尋復來屬。